激励与肯定：
积极心理学在教育中的应用

寇延凌明 梁思思 著

中国纺织出版社有限公司

图书在版编目(CIP)数据

激励与肯定：积极心理学在教育中的应用 / 寇延，凌明，梁思思著. -- 北京：中国纺织出版社有限公司，2023.9

ISBN 978-7-5229-1071-0

Ⅰ．①激… Ⅱ．①寇… ②凌… ③梁… Ⅲ．①学校教育—教育心理学—研究 Ⅳ．①G44

中国国家版本馆 CIP 数据核字 (2023) 第 190855 号

责任编辑：王 慧　　责任校对：王蕙莹　　责任印制：储志伟

中国纺织出版社有限公司出版发行
地址：北京市朝阳区百子湾东里 A407 号楼　邮政编码：100124
销售电话：010—67004422　传真：010—87155801
http://www.c-textilep.com
中国纺织出版社天猫旗舰店
官方微博 http://weibo.com/2119887771
三河市宏盛印务有限公司印刷　各地新华书店经销
2023 年 9 月第 1 版第 1 次印刷
开本：787×1092　1/16　印张：9.75
字数：197 千字　定价：98.00 元

凡购本书，如有缺页、倒页、脱页，由本社图书营销中心调换

前言 Preface

《激励与肯定：积极心理学在教育中的应用》旨在探讨如何借助积极心理学的原理和方法，培养学生的积极心态、乐观心态以及创造力和创新思维，同时激发他们的内在动机和情绪智力，促进人际关系的发展，并引导他们探索自我意识和自我认知。本书还特别关注积极心理学在教师教学中的应用，帮助教师培养积极心理素质和掌握相应的知识和技能。

在当今社会中，教育的目标已经不再局限于传授知识，而是致力于培养学生全面发展，使其具备面对未来挑战的能力。积极心理学作为一门新兴的心理学分支，关注个体的优点、成长和幸福，为教育提供了宝贵的理论和实践支持。本书希望通过深入探讨积极心理学的原理和应用，帮助教育工作者更好地引导学生成长和发展。

在第一章中，我们将介绍积极教育的基本原理，概述积极心理学在教育中的应用，探讨如何通过培养学生的积极心态和积极行为，促进他们的成长和学习。

后续的章节将分别深入探讨乐观心态、内在动机、情绪智力和人际关系发展等重要主题。我们将介绍这些主题的重要性、相关理论和研究成果，以及在教育实践中的具体方法和策略。每一章都将提供实用的建议和案例分析，以帮助教育工作者在实际工作中运用积极心理学的原理。

此外，在第六章中，我们还将专门讨论如何培养学生的创造力和创新思维。创造力是当今社会中的一项重要素养，本章将介绍创造力的重要性以及培养学生创造力的方法和技巧。

在第八章中，我们将关注积极心理学在教师教学中的应用。教师是教育改革的中心力量，对学生的教育起着至关重要的作用。本章将探讨如何培养教师的积极心理素质，包括积极情绪管理、乐观态度的培养，以及如何应用积极心理学的知识和技能提高教学效果。我们将探讨教师的积极心理素质对教师个人的职业发展和工作满意度的影响，并强调积极心理学在教师教育和职业发展中的重要性。

本书旨在为教育工作者和教育管理者提供一个全面指南，以应用积极心理学的原理和方法促进学生的全面发展。我们希望读者能够从本书中获得深入的理论知识和实践经验，将其运用到自己的教育实践中，并取得积极的效果。

在编写本书的过程中，我们依据最新的研究成果和教育实践经验，力求提供准确、全面且实用的信息。我们深知教育的复杂性和多样性，因而本书提供的方法和策略并非适用于所有情境，但我们相信其中的原理和思想将对广大读者有所启发，为他们的教育工作带来积极的影响。

  最后，我们衷心感谢所有对本书撰写和出版作出贡献的人员，包括研究者、教育工作者和出版团队。特别感谢所有的教育工作者，你们的辛勤付出和无私奉献使得教育事业不断前进。希望本书能够成为你们的指南和助力，为你们的教育工作注入新的动力和活力。

  祝愿各位教育工作者和广大读者们在积极心理学的指引下，实现教育目标，促进学生的全面成长和发展。

寇延

2023 年 6 月

目 录 Contents

第一章 积极教育的基本原理 1
 第一节 积极教育的概述 1
 第二节 积极心理学理论在教育中的应用 4
 第三节 培养学生积极心态和积极行为的方法 8

第二章 培养学生的乐观心态 13
 第一节 乐观心态的重要性和益处 13
 第二节 帮助学生建立积极的自我评价 18
 第三节 提高学生应对困难的能力 22

第三章 激发学生的内在动机 31
 第一节 内在动机的概念和特点 31
 第二节 创造积极的学习环境以激发学生的内在动机 36
 第三节 培养学生目标设定和自我激励的能力 42

第四章 发展学生的情绪智力 49
 第一节 情绪智力的重要性和作用 49
 第二节 帮助学生认识和管理情绪 53
 第三节 培养学生情感表达和情绪调节的能力 57

第五章 促进学生的人际关系发展 67
 第一节 培养积极的人际交往能力 67
 第二节 鼓励合作与协作精神 71
 第三节 解决冲突与建立良好的人际关系 76

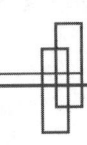

第六章　培养学生的创造力和创新思维 ································ 87
第一节　创造力的重要性和培养方法 ································ 87
第二节　提供创新学习环境和创造性任务 ·························· 92

第七章　培养学生的自我意识和自我认知 ···························· 97
第一节　自我意识的培养与发展 ····································· 97
第二节　帮助学生了解自己的价值观和兴趣 ···················· 100
第三节　提高学生自我反思和自我调整的能力 ················· 106

第八章　积极心理学在教师教学中的应用 ··························· 113
第一节　教师的积极心理素质培养 ································· 113
第二节　教师的积极心理学知识与技能培养 ···················· 119
第三节　积极心理学在教师教学和职业发展中的重要性 ······ 123

第九章　积极心理学在学校管理中的应用 ··························· 127
第一节　学校管理中的积极心理学原则 ··························· 127
第二节　创建积极的学习环境和文化 ······························ 130
第三节　积极心理学在学校领导和决策中的应用 ··············· 138

参考文献 ·· 145

第一章 积极教育的基本原理

第一节 积极教育的概述

积极教育是一种基于积极心理学理论的教育模式，旨在培养学生的积极心态、促进其全面发展，并提高其学习成果和生活幸福感。积极教育强调发掘学生的优势和潜能，注重培养他们的心理素质和积极态度，使其具备应对挑战和适应变化的能力。

一、积极教育概念的起源

积极教育的概念源于对传统教育模式的反思和对学生全面发展的追求。传统教育注重知识的传授和学术成绩的评估，而忽视了学生的个体差异、情感需求和积极心态的培养。在这样的背景下，积极心理学的出现为教育提供了新的视角和方法。

积极心理学是由美国心理学家马丁·塞利格曼（Martin E.P. Seligman）于20世纪90年代初提出的。他在任美国心理学协会主席期间，呼吁心理学家转向研究人类的积极特质、情感和行为，以及幸福、满意度和成就感等主观体验。积极心理学的发展旨在弥补传统心理学对负面经验和心理疾病的研究偏重，以及对积极心理状态和个体优势的忽视。

积极心理学关注个体的积极心态、优势和潜能，旨在探索人类的心理健康、幸福感和意义追求。该领域研究主题涵盖乐观主义、自我效能、希望、流畅经验、情感智力、情感调节等。这些概念和理论为教育提供了新的理念和方法，从而促进学生的积极发展和全面成长。

积极教育作为积极心理学在教育领域的应用，旨在引导教育者关注学生的个体差异和多样性，重视学生的积极品质和心理素质的培养。它强调以学生为中心，通过创造积极的学习环境和提供积极的教学策略，激发学生的内在动机、发掘潜能，培养他们的创造力、自主性、合作精神和情感智力。

积极教育的概念与实践在世界范围内逐渐兴起。美国、澳大利亚、英国等国家在教育政策和实践中纳入了积极教育的理念和方法。例如，澳大利亚维多利亚州的积极教育计划（Positive Education）和英国的幸福学校（Happiness Schools）等项目就是积极教育在实践中的具体体现。

积极教育的起源可以追溯到20世纪90年代初，当时马丁·塞利格曼在美国心理学协会任主席时提出了积极心理学"正忧感觉"（Positive Affect）和"正心理功能"（Positive Psychological Functioning）的概念，强调心理学应该关注个体的积极方面，而不仅是消极的情绪和心理问题。

塞利格曼和他的同事们开始研究人类的幸福感、乐观主义、希望、流畅经验和个体优势等积极心理特质。这些研究表明，积极心态和个体的优势特质对人们的幸福感、成功和心理健康具有重要影响。这为教育领域提供了启示，更多人认识到传统教育模式所忽视的个体差异和积极心态的重要性。

随着积极心理学的发展，教育者开始将其原理和方法引入教育实践中，形成了积极教育的概念。积极教育强调培养学生的心理素质、积极心态和社会情感技能，关注学生的个体差异，注重发掘学生的潜能和优势，且提供适应性的教学策略和支持，以提升他们的学习效果和整体发展。

澳大利亚维多利亚州的积极教育计划是积极教育的典型例子。该计划将积极心理学的原理与传统教育相结合，致力于培养学生的积极品质、心理弹性和社会情感技能。在该计划中，学校通过课程设置、教师培训和学校文化的塑造，创造积极的学习环境，促进学生的心理健康和学业成功。

英国的幸福学校项目也是积极教育的重要实践之一。该项目旨在通过教育培养学生的幸福感、情绪管理和人际关系技能，以提升他们的整体幸福度和学习成果；培养幸福学校观、自信和适应力，以提高学习成绩和生活质量。

除了澳大利亚和英国，积极教育的理念在全球范围内得到了越来越多的关注和应用。在美国，积极心理学的原理已被应用于学校教育、大学教育和职业培训等领域。一些学校和教育机构开始采用积极心理学的方法以改善学生的学习体验和心理健康。

二、积极教育的核心要点

积极教育是基于积极心理学原理的教育理念和方法，旨在促进学生的积极发展、心理健康和整体幸福。积极教育的一些核心要点如下。

（一）关注学生的个体差异和多样性

积极教育强调每个学生的独特性，认识到学生在认知、情感、兴趣和学习风格等方面存在差异。教育者应尊重并支持学生的个性化发展，鼓励他们发掘和发展自己的潜能和优势。

（二）培养积极心态和心理素质

积极心态是积极教育的核心，旨在帮助学生培养乐观、希望、自尊和情绪管理能力。教育者可以通过积极心理学的方法，如情感调节训练、心理弹性培养等，帮助学生建立积极的自我认知和情感调控能力，从而更好地应对挑战和压力。

（三）创造积极学习环境

积极教育注重创造积极性、支持性和包容性的学习环境。教育者可以通过鼓励学生参与、建立支持性的师生关系，提供积极反馈和奖励等方式，营造积极的学习氛围。同时，教育者也应注重学校文化的塑造，将积极心态和价值观融入学校的日常运作中。

（四）强调自主学习和内在动机

积极教育鼓励学生自主学习和调动内在动机。教育者应提供有挑战性和意义的学习任务，给予学生决策和选择的机会，激发他们的自主性和主动性。此外，教育者可以关注学生的兴趣和个人目标，将学习与学生的个人目标和价值联系起来，提高他们的学习动机和投入度。

（五）培养社会情感技能

积极教育强调培养学生的社会情感技能，包括合作精神、人际交往和情绪调节能力。教育者可以通过合作项目、团队活动和情感教育课程等方式培养学生的社会情感技能。这些技能包括情绪识别和表达、同理心、解决冲突、积极沟通等，有助于学生建立良好的人际关系、提高解决问题和适应社会环境的能力。

（六）提供个体化支持和关怀

积极教育注重对学生的个体化支持和关怀。教育者应关注学生的发展需求和心理健康，提供积极的支持和指导。这可以通过个别辅导、心理健康教育、关怀小组等方式实现，以帮助学生克服困难、增强自信和建立积极的人际关系。

（七）整合积极教育与学科知识

积极教育与学科知识的整合是重要的。教育者可以将积极教育的原则和方法融入各个学科的教学中，使学生能够在学习中体验到积极心态的重要性和价值。例如，鼓励学生积极思考、解决问题，培养创造性思维等。

（八）建立家校合作

积极教育需要家校合作来共同关注学生的全面发展。教育者应与家长保持密切的沟通，共同制定支持学生发展的策略和目标。家长可以提供学生的个体化信息和反馈，教育者则可以分享积极教育的理念和方法，共同为学生的积极成长建造良好的支持网络。

总而言之，积极教育的原则强调关注学生的个体差异和积极心态，创造积极学习环境，培养学生的心理素质和社会情感技能。通过个体化的支持和关怀、整合学科知识、建立家校合作，提升学生的整体幸福感、学习成果和心理健康。这一教育理念的实施需要教育者的专业知识和教育环境的支持，以及家庭和社会的共同努力，为学生的全面发展创造有益的条件和机会。

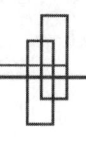

第二节　积极心理学理论在教育中的应用

积极心理学理论在教育中的应用可以分为：培养积极心态、发展个体优势、促进情绪智力、提升自我效能、培养希望与目标导向、促进自我实现和追求意义等部分。这些方面的应用能够全面提升学生的学习效果、心理健康和整体发展。

一、培养积极心态

积极心理学强调积极心态对学生学习和成长的重要性。教育者可以通过一些方法培养学生的积极心态。

（一）培养乐观主义

乐观主义是一种积极、希望和正面的心态，能够帮助学生更好地应对挫折和困难，积极解决问题。笔者提供了以下三个具体方法可供参考。

1. 建立积极反馈机制

教育者应该及时给予学生积极的反馈和鼓励，帮助他们认识到自己的优点和成就，这可以激发学生的自信心，形成积极的自我评价。

2. 引导积极思考

教育者可以引导学生积极思考，鼓励他们在面对困难时寻找解决办法和积极解释。例如，教育者可以提问："你认为哪些方法可以解决这个问题？"或者鼓励学生寻找成功的案例，以激发他们的乐观态度。

3. 培养弹性心态

教育者可以教导学生将挫折和失败视为成长的机会，帮助他们在失败中学习，不断调整和改进自己的方法。通过培养弹性心态，学生能够更好地应对挫折，相信自己可以逐渐提升能力。

（二）培养感恩心态

感恩心态是一种关注和珍视身边积极事物和他人帮助的态度。培养感恩心态有助于学生增强幸福感、培养积极情绪和建立良好的人际关系。笔者也提供了以下三个方法可供参考。

1. 倾听和分享

教育者可以鼓励学生互相倾听和分享自己的感激之情；可以在课堂上组织学生分享自己感激的事物或写下感恩日记，让学生意识到生活中的美好和他人的帮助。

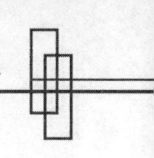

2. 提供感恩体验

教育者可以组织感恩活动，让学生亲身体验感恩之情。例如，组织学生参观社区公益机构或志愿者活动，让他们亲自参与其中，感受自己的行动对他人产生积极影响的意义。

3. 感恩反思

教育者可以引导学生反思自己所受到的帮助和支持，并思考如何回报他人的善意。通过这种反思，学生可以深化对他人贡献的认识，培养感恩之心，并激发他们主动帮助他人的意愿。

（三）强调自我肯定

自我肯定是指对自己的积极评价和认可，有助于培养学生的自信心和自尊心。笔者也提供了以下三个方法可供使用。

1. 正面评价

教育者应该及时给予学生正面评价和肯定，鼓励他们认识到自己的优点和成就。这可以通过口头表扬、奖励或认证等方式进行，以增强学生的自信心和积极自我评价。

2. 培养自我认知

教育者可以帮助学生认识自己的优点、特长和价值，通过自我探索和自我了解，建立积极的自我形象；可以引导学生自我分析，了解自己的兴趣、价值观和目标，并连接与之相符合的生活意义。

3. 鼓励自主决策

教育者可以提供学生自主决策的机会，让他们参与制订学习计划、设定目标和选择学习方式。通过这样的参与，学生能够感受到自己的主动性和决策能力，进而增强自我肯定感。

通过以上方法的实施，教育者可以在教育环境中创造积极的氛围，帮助学生树立积极心态，培养乐观主义、感恩心态和自我肯定。这些积极心态的培养不仅对学生的个人发展有益，还能提升学习动力和成就意愿，促进学生的心理健康和综合素养的全面发展。

二、发展个体优势

积极心理学认为每个人都具有独特的优势和潜能，教育者应该帮助学生发现并发展他们的个体优势。

（一）个体化教学

个体化教学旨在了解每个学生的个体差异并根据其兴趣、才能和学习风格提供个性化的教学方法和资源。

1. 兴趣导向教学

教育者可以通过调查问卷、访谈、观察等方式了解学生的兴趣爱好，并根据他们的兴趣设置教学内容和活动。学生通过参加与自身的兴趣相关的学习任务，激发学习兴趣。

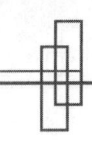

2. 多元智能教育

根据霍华德·加德纳（Howard Gardner）的多元智能理论，教育者可以认识到每个学生在不同智能领域具有独特的优势。通过多元智能教育，教育者可以针对学生的个体优势设计任务和评估方法，以满足学生的个体发展需求。

3. 学习风格匹配

学习风格是指学生个体在学习过程中更倾向于使用的认知策略和信息处理方式。教育者可以通过调查问卷或观察学生的学习行为了解他们的学习风格，再提供相应的学习活动和资源，以匹配学生的学习风格，促进学习效果。

4. 个体化目标设定

教育者可以与学生一起制定个性化的学习目标，再根据学生的兴趣和发展需求进行调整。个体化的目标设定可以激发学生的动机，增强学习的自主性和意义感。

（二）提供挑战性任务

提供具有挑战性的任务和项目是培养学生个体优势的有效方法。

1. 探究式学习

探究式学习是指教育者可以提供开放性的问题和挑战性的项目，激发学生的好奇心和探索欲望。学生可以在自主和合作的环境中独立思考和研究，发展他们的创造力和问题解决能力。

2. 竞赛和比赛

组织学生参与各种学科或兴趣领域的竞赛和比赛，如科学竞赛、写作比赛、艺术展示等。这些比赛提供了学生展示自己才能和技能的机会，激发他们的动力和努力，同时培养竞争意识和适应挑战的能力。

3. 专题研究和扩展课程

为学生提供更深入的专题研究和扩展课程，以满足他们对特定领域的兴趣和需求。这些课程可以包括独立研究、科学实验、社区服务项目等，鼓励学生深入探索和发展自己的个体优势。

4. 社会创新和企业教育

鼓励学生参与社会创新项目和企业教育，提供解决现实问题和学习实践技能的机会。这些项目可以培养学生的创新思维、团队合作和领导能力，同时促进学生的社会责任感和成就感。

通过提供挑战性任务和项目，教育者可以激发学生的好奇心、自信心和动力，让他们能够全面发展自己的个体优势。这样的教学方法能够培养学生的批判性思维、解决问题的能力和创造力，为他们的学习和未来的职业发展奠定坚实的基础。

三、促进情绪智力

情绪智力是指个体对自己和他人情绪的认知、理解和管理能力。积极心理学的应用可

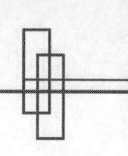

以帮助学生提升情绪智力,有效管理情绪,并建立良好的人际关系。

(一)情绪教育

教育者可以教授学生情绪的基本知识,帮助他们认识和理解自己的情绪,学会正确表达情绪和有效应对负面情绪。

(二)同理心培养

鼓励学生关注他人的情绪和需求,培养同理心。通过分享他人的喜怒哀乐和情感体验,学生能够更好地理解他人,建立良好的人际关系。

四、提升自我效能

自我效能指个体对完成特定任务的信心和能力评估。积极心理学的应用可以帮助学生提升自我效能感,激发他们的学习动力和成就意愿。

(一)设定可行目标

教育者可以帮助学生设定具体、可衡量的目标。目标应该具有挑战性,但又是能够实现的。通过设定适度挑战的目标,学生可以逐步提高自己的能力,并从成功经验中建立起自信心和自我效能感。教育者还应提供支持和反馈,帮助学生在实现目标的过程中获得必要的指导和鼓励。

(二)强调成长思维

教育者可以鼓励学生将挑战和失败视为成长的机会。培养学生相信努力和学习能够改变和提高自己的信念。教育者可以与学生分享相关的故事,阐述努力和恒心对成就的重要性,并引导学生反思自己的学习过程,找到改进和成长的机会。通过这种方式,学生可以建立起积极的学习态度和自我效能感。

(三)提供支持和鼓励

教育者在学生学习过程中扮演着重要的角色,他们可以提供积极的支持和鼓励,激发学生的自我效能感。教育者可以表达对学生的信任和期望,让学生感受到自己被认可和重视;还可以提供适当的反馈和指导,帮助学生认识到自己的进步和成就,并针对学生的个体差异给予个别化的支持。通过这种方式,学生可以建立起对自己能力的信心和信念。

(四)培养合作与交流

教育者可以鼓励学生在合作和交流中互相支持和激励。学生可以通过团队合作、小组讨论和伙伴互助等形式,互相分享学习经验和成功故事,相互学习和借鉴。在这样的环境中,学生可以感受到集体的力量和支持,从而增强他们的自我效能感。教育者可以创建积极的学习氛围,鼓励学生互相鼓励和赞赏,并提供适当的合作机会,让学生在合作中发挥自己的优势和才能。通过与他人的合作和交流,学生可以获得不同的观点和反馈,从而拓宽自己的视野,提升自己的能力和自信心。

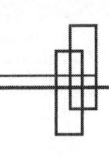

（五）提供角色模型

教育者可以引导学生关注成功的角色模型，让他们学习成功者身上的品质并从中受到激励。教育者可以分享成功人士的故事和经验，让学生了解成功的背后所需的努力和奋斗。同时，教育者也可以鼓励学生寻找身边的榜样和优秀的同伴，以此激发学生的自我效能感和成就动力。通过观察和学习，学生可以建立起信心，并受到积极影响。

（六）提供挑战和反馈

教育者可以通过提供适当的挑战和反馈，帮助学生不断提高自己的能力和自我效能感。挑战可以激发学生的学习兴趣和动力，同时也提供了发展和成长的机会。适当的反馈可以让学生了解自己的进步和改进的方向，从而调整学习策略和行为。教育者应该给予积极的、具体的和建设性的反馈，让学生感受到自己的成长和进步，从而增强自我效能感。

第三节　培养学生积极心态和积极行为的方法

一、自我意识和自我认知的培养

自我意识和自我认知是学生发展中的重要方面，对培养积极心态和积极行为至关重要。

（一）自我反思和目标设定

鼓励学生反思自己的价值观、兴趣和目标，设定明确的学习目标。通过反思和目标设定，学生可以更好地了解自己的优势和需求，进而制订适合自己的学习计划。

（二）探索个人价值观和兴趣

引导学生思考个人价值观和兴趣是如何与学习和成就相关联的。通过了解自己的价值观和兴趣，学生可以更加有动力地参与学习，且找到与自己兴趣相关的学科和领域。

（三）个体差异的尊重和认可

教育者应该尊重学生的个体差异，且认可每个学生的独特之处。通过提供个性化的教学方法和资源，教育者可以帮助学生发现和发展自己的优势，且建立起积极的自我认知。

二、积极心态和乐观情绪的培养

积极心态和乐观情绪是培养学生积极行为的基础，教育者可以采取以下三个方法培养学生的积极心态和乐观情绪。

（一）积极思维的培养

鼓励学生采用积极的思维方式看待事物。教育者可以引导学生关注积极的方面，培养

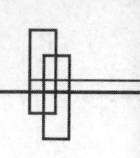

他们寻找解决问题的办法，以及从失败中吸取经验教训的能力。

（二）情绪管理和调适技巧的教授

教育者可以教授学生情绪管理和调适的技巧，帮助他们有效地处理负面情绪和压力。这包括深呼吸、积极自我对话、放松技巧等。通过掌握这些技巧，学生可以更好地应对困难和挑战，保持积极情绪表达和分享；教育者可以鼓励学生表达和分享积极情绪，如通过艺术创作、写作、演讲等方式。这有助于学生更深入地体验积极情绪，且将其传递给他人，从而增强积极心态的共享和传播效果。

（三）培养自信和自尊

教育者应该鼓励学生相信自己的能力和潜力，提升他们的自信心和自尊心。这可以通过赞扬和认可学生的努力和成就实现，同时提供支持和指导，帮助他们克服困难和挑战，从而培养积极心态和乐观情绪。

三、自主性和自律性的培养

自主性和自律性是学生积极行为的重要特质。

（一）提供选择和决策权

给予学生一定的选择权和决策空间，让他们参与到学习和决策过程中。这有助于激发学生的主动性和责任感，培养他们自主思考和自我管理的能力。

（二）培养目标设定和计划能力

教育者应该帮助学生学会设定明确的学习目标，且制订可行的计划以实现这些目标。通过制定小目标和行动计划，学生可以更好地管理自己的学习进程，且逐步实现长期目标。

（三）鼓励自我反馈和自我评价

教育者可以引导学生进行自我反馈和自我评价，帮助他们认识到自己的优势和改进的方向。通过自我反思和自我评价，学生可以更好地调整自己的学习策略和行为，提高学习效果和自我效能感。

四、合作和社交技能的培养

合作和社交技能对学生的积极行为和社交发展至关重要。

（一）团队合作和协作学习

通过组织团队合作和协作学习活动，教育者可以培养学生的合作意识和协作能力。这有助于学生学会与他人合作、分享资源和互相支持，以实现共同的目标。

（二）社交技能培养

教育者可以教授学生一系列社交技能，如有效沟通、倾听、合作解决问题、分享与合理竞争等。通过角色扮演、小组讨论和社交互动等活动，学生可以锻炼和提升自己的社交

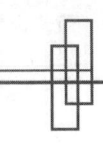

技能，建立良好的人际关系。

（三）培养情感智力

情感智力是指认识和管理自己情绪的能力，以及理解和应对他人情绪的能力。教育者可以通过情绪教育和情感智力培训以帮助学生培养情感智力，使他们能够更好地理解和处理他人的情绪，提高人际关系的质量和积极性。

（四）培养共情和同理心

共情和同理心是学生积极行为的重要基础，教育者可以通过故事分享、角色扮演和互助活动等方式培养学生的共情和同理心。这有助于学生更好地理解他人的感受和需求，通过支持和帮助他人提升自身的积极行为和社交技能。

五、提供积极学习环境和支持

创造积极的学习环境和提供支持是培养学生积极心态和积极行为的重要因素。

（一）鼓励探索和创新

为学生提供探索和创新的机会，激发他们的好奇心和创造力。教育者可以引导学生提出问题、寻找解决方案，并提供支持和反馈，鼓励他们在学习中探索和实践新思想和想法。

（二）提供积极反馈和认可

及时提供积极的反馈和认可，鼓励学生的努力和进步。教育者可以通过鼓励语言、奖励机制和庆祝活动等方式，让学生感受到自己的成就被认可和重视，从而增强他们的积极心态和学习动力。

（三）个体化支持和辅导

了解每个学生的需求和特点，提供个体化的支持和辅导。教育者可以根据学生的学习风格和兴趣提供适合的学习资源和任务，并与学生建立密切的师生关系，给予他们个性化的指导和建议。通过个体化的支持和辅导，学生可以更好地理解自己的学习方式和需求，且获得针对性的帮助，从而增强积极心态和积极行为。

（四）创设积极学习氛围

教育者可以创设积极的学习氛围，鼓励学生相互支持和合作学习。这可以通过营造开放性的课堂氛围，鼓励学生提出问题和分享观点，以及组织学习小组和合作项目等方式实现。在积极的学习氛围中，学生可以相互学习和激励，培养积极心态和积极行为。

（五）提供挑战性任务和机会

给予学生具有一定挑战性的任务和机会，激发他们的学习动力和探索精神。教育者可以设计开放性的问题和项目，鼓励学生探究和解决实际问题。同时，为学生提供参与竞赛、展示和领导活动的机会，培养他们的自信心和领导能力。

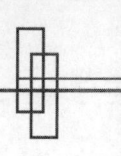

（六）建立支持网络和资源

教育者可以建立学生支持网络和提供丰富的学习资源。这包括与家长、学生和社区合作，提供学习辅导、心理咨询和其他支持服务。通过建立全方位的支持网络和资源，学生可以获得必要的支持和帮助，增强积极心态和积极行为。

（七）培养自我效能感和成就感

教育者应帮助学生建立自我效能感和成就感。通过设定适当的目标，提供挑战和机会，以及及时的反馈和认可，学生可以逐步发展自己的自我效能感和成就感。这有助于增强他们的积极心态和积极行为，并推动他们在学习中取得更好的成绩和发展。

积极教育的基本原理涵盖了培养学生的自我意识和自我认知、培养积极心态和乐观情绪、培养自主性和自律性、培养合作和社交技能，以及提供积极的学习环境和支持。通过综合运用这些方法，教育者可以有效地培养学生的积极心态和积极行为。这些方法相互关联，形成一个综合而有层次的培养体系，可以帮助学生在学习和生活中积极面对挑战、充满动力和自信心。

第二章　培养学生的乐观心态

第一节　乐观心态的重要性和益处

乐观心态是一种积极向上、对未来充满希望和信心的心理状态。它在个人的成长和发展中扮演着重要的角色。乐观心态不仅影响着个人的情绪和心理健康，还对学业、职业和人际关系等方面产生着积极影响。

一、乐观心态的重要性

（一）塑造积极的情绪状态

乐观心态能够帮助个体更好地应对挑战和困难，以积极的态度面对生活中的问题。积极的情绪状态有助于提升个体的幸福感和生活质量，促进心理健康的发展。

第一，乐观心态有助于个体塑造积极的情绪状态。乐观的人倾向于看到问题的积极面和解决的可能性，而不是过度关注问题本身的负面影响。他们能够从困境中寻找希望和机会，保持良好的情绪状态。相比之下，悲观的个体往往过分关注问题的困难和阻碍，容易产生消极的情绪，如沮丧、焦虑和压力。这些消极情绪会影响个体的心理健康和生活质量。

第二，乐观心态有助于提升个体的幸福感和生活质量。乐观的人更倾向于积极评估自己的生活和经历，对生活充满感激之情。他们能够更好地享受当下的美好和幸福，对未来抱有积极的期待。相比之下，悲观的人往往过度关注问题和困难，无法真正感受到生活中的积极和美好之处，导致幸福感的缺失。

第三，乐观心态对个体的心理健康也具有重要影响。积极的情绪和心态有助于预防和减轻心理疾病的发生和发展。乐观的人更具有心理韧性，能够更好地应对生活中的压力和挑战。他们具备更强的应对能力和适应能力，能够更快地从困境中恢复，并采取积极的行动解决问题。相比之下，悲观的人往往更容易陷入消极的情绪和思维模式，更容易出现心理健康问题，如焦虑、抑郁和自卑等。

第四，乐观心态还与身体健康密切相关。研究表明，乐观的人更倾向于采取积极的生活方式和健康习惯，这对身体健康产生积极的影响。乐观的人更有动力关注自身的健康，并积极采取行动，如均衡饮食、适量运动和充足休息。他们认识到良好的健康状况对实现个人目标和享受生活的重要性，且将其作为自我管理的重要方面。相比之下，悲观的人往往缺乏动力关注健康，可能更容易陷入不良的生活习惯，如不规律饮食、缺乏运动和熬夜等，从而对身体健康带来负面影响。

第五，乐观心态还有助于个体建立积极的人际关系。乐观的人通常以积极的态度对待他人，表现出更多的关爱、支持和理解。他们能够建立良好的人际关系，积极参与社交活动，且与他人建立深厚的情感连接。这种积极的互动和情感表达有助于提高团队合作和社交网络的质量，进而提升个体的生活满意度和幸福感。

第六，乐观心态还有助于个体更好地应对压力和逆境。乐观的人相信困难和挑战是暂时的，他们会相信自己能够战胜困难，从而积极寻找解决问题的途径。他们对未来持有乐观的期待，能够从困境中找到动力和意义。这种积极的心态减轻了压力对身心健康的负面影响，帮助个体更好地保持稳定和积极的心态。

总的来说，乐观心态在个体的情绪管理、心理健康、幸福感、身体健康、人际关系和应对能力等方面具有重要的作用。它能够塑造个体积极的情绪状态，提升幸福感和生活质量，对心理健康和身体健康产生积极影响。因此，培养乐观心态对个人的发展和幸福至关重要。个体可以通过培养积极的自我对话、建立支持系统、培养心理弹性等方法提升乐观心态。通过这些方法，个体可以逐步培养和巩固乐观心态，享受乐观心态带来的各种益处。

（二）促进自我成长与自我实现

乐观心态使个体对自身能力和潜力充满信心，更愿意接受新的挑战和机会。这种积极的信念和态度推动个人不断学习和成长，助力实现个人目标和追求自我价值。

首先，乐观心态对个体的自我成长起到积极影响。乐观的个体相信自己具备解决问题的能力，对新的学习和挑战持开放和积极的态度。他们愿意接受新的经验和知识，勇于尝试新的领域和技能。乐观的人对失败和困难持韧性态度，将其视为学习和成长的机会，而不是阻碍。通过积极的学习心态和对个人发展的持续投入，乐观的个体能够不断积累知识和经验，实现自我成长。

其次，乐观心态在个体实现自我价值方面扮演重要角色。乐观的个体相信自己的价值和潜力，对自己的能力和贡献持肯定态度。他们有着积极的目标设定和追求，愿意付出努力去实现自己的理想和愿景。乐观的人更容易发现并利用个人的优势和机会，勇于追求自己真正热爱和擅长的事物。他们对自己的职业发展、人际关系和个人成就抱有积极的期待，并持续努力追求更高的成就。乐观心态激励个体积极探索和挖掘自身的潜能，实现自我价值的最大化。

二、乐观心态的益处

（一）提升学业表现

乐观的学生更倾向于采取积极主动的学习策略，如制定明确的学习目标、积极参与课

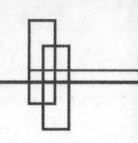

堂活动、主动寻求帮助等。他们对学习充满热情，相信自己能够取得进步和成功，从而在学业上取得更好的成绩。我们将详细探讨乐观心态对学业表现的影响、乐观学生的学习策略等方面。

首先，乐观心态对学业表现具有积极影响。乐观的学生对学习充满热情和动力，他们相信自己具备成功的能力，并对学习结果持乐观的期待。这种积极的信念和态度激发了他们的学习动力，使他们更加努力地投入学习。乐观的学生更倾向于制定明确的学习目标，并采取积极主动的学习策略。他们会积极参与课堂讨论，提出问题并寻求解答，与同学合作学习，利用各种学习资源和工具，以提升学习效果。乐观的学生相信自己的努力和付出会带来积极的结果，因而他们更加专注和坚持，不轻易放弃。

其次，乐观学生的学习策略有助于提升学业表现。乐观的学生倾向于采用积极主动的学习方法，以提高学习效果和成绩。他们善于制定明确的学习目标，并将其细化为可行的计划和步骤。乐观的学生注重时间管理，合理安排学习时间，避免拖延和浪费。他们善于利用各种学习资源和技巧，如图书馆、学习小组、学习笔记等，以支持自己的学习过程。乐观的学生愿意接受挑战和困难，将其视为学习的机会，从中寻找启示和成长。他们会主动寻求帮助，与老师和同学交流和讨论，以解决学习中的问题和困惑。乐观学生的学习策略还包括积极参与课堂活动。他们在课堂上积极提问、回答问题，参与讨论和小组活动。通过积极参与课堂，乐观的学生能够更好地理解和消化所学知识，加深对概念和原理的理解，同时也能够与同学们交流和合作，促进共同学习和互助。

最后，乐观的心态还促使学生保持积极的学习态度并坚持不懈地努力。乐观的学生相信自己的能力和潜力，并对自己的学习进步持乐观的期待。他们对学习抱有积极的态度，认为学习是一种成长和提升的过程。即使遇到困难和挫折，他们也不会轻易放弃，而是积极寻找解决办法和学习资源，以克服困难并取得进步。乐观学生对学习结果持乐观态度，相信自己的努力会带来积极的回报，这种信念激发了他们的学习动力，使他们更加专注和坚持学习。

（二）增强职业发展

乐观的个体更有勇气面对工作上的挑战，更乐于接受新的机会和挑战。他们具备灵活性和创新性，能够更好地适应变化和应对工作压力。乐观的心态也有助于建立良好的人际关系和团队合作能力，从而在职场中取得更多的机会和成功。我们将详细探讨乐观心态对职业发展的影响、乐观个体的工作表现等方面。

首先，乐观心态对职业发展具有积极影响。乐观的个体在职场中更有勇气面对挑战和困难，能够更积极主动地寻找解决问题的方法和机会。他们对工作充满热情和动力，相信自己能够克服困难并取得成功。这种积极的信念和态度激发了他们的创新思维和行动力，使他们更具有应变能力和解决问题的能力。乐观的个体对待工作中的变化和挑战持开放和积极的态度，能够更好地适应变化，不断学习和发展自己的技能和知识，从而提升职业竞争力。

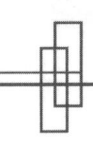

其次，乐观的个体在工作中展现出较高的表现。乐观的个体对工作充满热情和动力，他们更愿意投入时间和精力完成工作任务。乐观的个体通常对自己的能力和潜力持乐观态度，相信自己能够取得优秀的成绩。这种信念激发了他们的积极努力和奋斗精神，使他们在工作中表现出更高的自我要求和责任心。乐观个体注重工作质量和细节，追求卓越，以实际行动证明自己的能力和价值。他们具备较强的自我管理能力，能够有效地分配时间和资源，提高工作效率和产出。乐观的个体还能够有效应对工作压力，保持情绪的稳定和积极的工作态度，从而更好地应对工作中的挑战和困难。

最后，乐观的心态也有助于建立良好的人际关系和团队合作能力，进而促进职业发展。乐观的个体通常具备积极的社交技巧和沟通能力，能够与同事和上级建立良好的合作关系。他们积极参与团队活动，愿意分享自己的想法和经验，支持和鼓励团队成员。乐观的个体能够以积极的态度面对团队中的冲突和挑战，以合作和解决问题的方式推动团队向前发展。他们擅长团队合作，善于协调和整合资源，充分发挥团队成员的优势，达到共同的目标。通过与他人的良好合作，乐观的个体能够获得更多的机会和资源，拓展职业发展的广度和深度。

（三）促进身体健康

乐观的个体往往更加重视自身的健康，并采取积极的行动保持良好的身体状态。我们将详细探讨乐观的心态对健康的积极影响、乐观心态与免疫系统的关系等方面。

首先，乐观的心态对健康有积极的影响。乐观的个体更有意愿和动力关注自身的健康，并采取积极的生活方式保持身体的良好状态。他们更倾向于均衡饮食、适量运动和充足休息，以促进身体的健康。乐观的个体常常具备积极的自我管理能力，能够自觉地遵循健康习惯，如定期体检、按时服药等。他们对自己的身体状况持乐观的态度，相信通过积极的行动和健康的生活方式可以预防疾病和提高身体的养护能力。

其次，乐观的心态与免疫系统密切相关。研究表明，乐观的个体更容易产生积极的情绪和心理状态，这对免疫系统的功能有积极的影响。乐观的心态能够降低压力激素的分泌，减轻身体对压力的负荷，从而改善免疫系统的功能。免疫系统是身体的防御系统，它能够识别和消灭病原体，保护身体免受疾病的侵害。乐观心态能够增强免疫系统的活性，促进免疫细胞的增殖，提高身体的抵抗力。因此，乐观的个体相对更少患病，恢复速度也更快。

最后，乐观的心态还能够改善身体的生理功能。乐观的个体通常处于较低的紧张状态，身体内部的生理机制更加平衡和稳定。他们的心率、血压和呼吸等生理指标通常处于正常范围内，身体的调节能力较强。乐观的心态还能进一步促进身体的康复和修复能力。乐观的个体往往更有希望和信心，相信自己可以战胜疾病和伤痛。这种积极的信念和态度可以激发身体的自愈机制，加速伤口的愈合和组织的再生。研究表明，乐观的人更容易从手术或严重疾病中康复，恢复得更快，这与他们积极的心理状态密切相关。

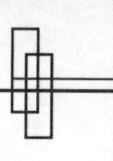

（四）建立积极的人际关系

乐观的个体通常表现出积极向上的态度，以及对他人的关心、支持和理解，这种积极的互动和情感表达为建立良好的人际关系奠定了坚实的基础。我们将详细探讨积极的情绪影响、信任与合作、情感共鸣和共享乐趣等方面。

首先，乐观的心态能够通过积极的情绪影响促进人际关系的建立。乐观的个体往往表现出积极、快乐和开放的情绪，这种积极的情绪状态会传递给周围的人，产生良好的情绪共鸣。乐观的个体更容易吸引他人的关注和亲近，因为积极的情绪具有感染力，能够带给他人快乐和舒适的感觉。在人际交往中，乐观的个体能够营造积极愉悦的氛围，提高交流和互动的质量。

其次，乐观的心态有助于建立信任与合作的关系。乐观的个体往往更加相信他人的善意和诚实，更愿意给予信任和支持。这种信任基础能够促进人际关系的发展，增强合作的意愿和能力。乐观的个体通常表现出乐于助人、合作共赢的态度，愿意为团队和他人的利益着想。这种积极的合作心态能够促进团队的凝聚力和效率的提升，推动共同目标的实现。

最后，乐观心态还能够增强情感共鸣和共享乐趣的能力。乐观的个体往往能够敏锐地察觉他人的情感需求，并表现出关心、理解和支持。他们善于与他人建立情感联系，通过倾听、分享和理解，与他人建立深入的情感连接。这种情感共鸣和共享乐趣的能力有助于建立亲密的人际关系，增强彼此之间的情感纽带。

（五）增强应对压力的能力

乐观心态可以帮助个体更好地应对压力和逆境。乐观的个体相信困难和挑战是暂时的，他们积极寻找解决问题的途径，相信自己能够战胜困难。这种积极的心态减轻了压力对身心健康的负面影响，帮助个体更好地保持稳定和积极的心态。

首先，乐观心态有助于培养个体的心理弹性和适应能力。当面临挫折和压力时，乐观的个体更容易从中恢复，并转变为积极的行动。他们寻求积极的应对策略，调整自己的思维和行为，以适应新的情境。乐观的个体相信自己可以在困境中成长，这种积极的心态促使他们积极面对挑战，努力克服困难。

其次，乐观的个体在面对压力时更有可能采取积极主动的应对方式。他们更愿意面对挑战，勇于迎接困难，并相信自己能够应对和克服。乐观的心态激发个体的内在动力和决心，使他们更加专注并坚定地努力。这种积极的应对方式帮助个体更有效地应对压力，增强抵抗力和逆境应对能力。

最后，乐观心态与心理幸福感之间存在紧密的联系。乐观的个体更倾向于积极评价自己和生活中的各方面，对未来充满信心和希望。他们能够从积极的角度看待生活，体验到更多的快乐和满足感。这种心理幸福感不仅能使个体更加满意和幸福，还能提供心理上的抵抗力，使他们更能够应对压力和困难。

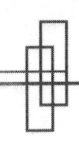

第二节　帮助学生建立积极的自我评价

一、理解积极的自我评价的重要性

积极的自我评价对学生的心理健康和发展具有重要影响。当学生能够建立积极的自我评价，他们更容易接受自己的优点和成就，增强自信心和自尊心。积极的自我评价也使学生更愿意尝试新的事物，对挑战持有积极态度，坚信自己能够取得成功。因此，帮助学生建立积极的自我评价是培养乐观心态的关键之一。

（一）认识积极的自我评价的意义

积极的自我评价是指学生对自己的能力、价值和价值观的积极看法和肯定。它是建立在对自身优点、成就和潜力的认可和理解上的。积极的自我评价对学生的心理健康和发展具有重要的影响。

1.增强学生的自信心和自尊心

积极的自我评价对学生的自信心和自尊心有着深远的影响。当学生能够积极地认可和评价自己的能力和成就时，他们会建立起对自己的自信，相信自己具备克服困难和取得成功的能力，因而更愿意面对挑战并尝试新事物。这种自信心不仅能够促使学生在学术上取得更好的成绩，还能在他们的人际关系和日常生活中起到积极的推动作用。另外，积极的自我评价还能够提升学生的自尊心。当学生能够认识到自己的优点和潜力时，他们会对自己有更高的价值评估，从而培养出积极的自尊心。这种自尊心能够使学生更加坚定自己的身份认同，增强自我价值感，为他们的学习和生活提供积极的动力。

2.培养学生的积极心态和乐观情绪

积极的自我评价对培养学生的积极心态和乐观情绪起到关键作用。当学生能够看到自己的优点和潜力时，他们会对自己的未来充满希望和期待。积极的自我评价让学生更加积极地思考问题、解决问题，他们相信自己能够找到解决方案并取得成功。这种积极心态和乐观情绪不仅能够提高学生的学习效果，还能够帮助他们更好地应对生活中的挑战和困难。学生们在积极心态的指导下，能够更加灵活地应对变化，面对挫折时更有坚持和克服困难的意愿。积极的自我评价也能够培养学生的适应能力和应对压力的能力，使他们在竞争激烈的社会环境中更加从容和自信。

3.促进学生的自我成长和发展

积极的自我评价对学生的自我成长和发展有着重要的推动作用。当学生对自己有积极

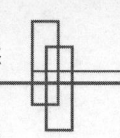

的评价时，他们会更加愿意接受挑战并追求卓越。积极的自我评价能够激发学生的内在动力和学习热情，使他们更加专注和努力地追求个人的成长和进步。学生们会树立更高的期望和目标，并不断挑战自己的能力和潜力。他们会积极主动地寻求学习和成长的机会，不断提升自己的技能和知识水平。同时，积极的自我评价也能够帮助学生发现自己的兴趣和才能，从而选择适合自己的发展方向，实现个人的自我价值和人生目标。学生们在积极的自我评价的引导下，能够更好地发掘自己的潜能，发展自己的优势，为个人的未来发展奠定坚实的基础。

4. 积极的自我评价的社会影响

积极的自我评价不仅对个体学生具有重要意义，而且对整个社会有着积极的影响。当大量的学生都能够建立起积极的自我评价时，整个社会将充满着乐观、自信和创造力。这些积极的心态和态度将推动社会的进步和发展。积极的自我评价使学生更有可能成为积极向上的社会成员，他们能够克服挫折和困难，积极地贡献自己的力量。他们有更强的创新和创造能力，能够为社会带来更多的创新和改变。此外，积极的自我评价还能够培养学生的领导能力和团队合作精神。学生们在自信和积极的评价下，更有勇气和能力发挥自己的领导潜力，并能够与他人合作，共同完成任务和实现目标。这种积极的影响将渗透到各个领域和层面，为社会的繁荣和进步做出积极的贡献。

（二）建立积极的自我认知

积极的自我评价需要学生对自己有积极的自我认知。这意味着学生需要客观、准确地认识和理解自己的优点、能力和成就。教师和家长可以帮助学生自我探索，引导他们认识自己的兴趣、才能和价值观，并将这些正面的认知纳入自我评价的范畴。例如，教师可以通过观察学生在不同领域的表现和听取同学的赞赏帮助学生认识自己的优点和能力。此外，教师还可以组织一些个人反思和自我评估的活动，让学生有机会深入思考自己的成长过程、面对困难时的表现以及自己的潜力等。通过这些活动，学生可以更好地认识和理解自己的内在优点和价值，并逐渐形成积极的自我评价。

1. 帮助学生发现个人优势和潜力

建立积极的自我认知可以帮助学生发现和认识自己的个人优势和潜力。每个学生都有自己独特的才能和特长，但有时他们可能并不完全意识到自己的潜力。通过自我认知的过程，学生可以更好地了解自己的兴趣、才能和价值观，并将这些正面的认知纳入自我评价的范畴。这有助于他们更加自信地面对挑战，充分发挥自己的优势，实现个人的成长和发展。

2. 增强学生的自尊心和自信心

积极的自我认知可以增强学生的自尊心和自信心。当学生意识到自己具备一定的能力和潜力时，他们会对自己有更高的价值评估，从而培养出积极的自尊心。这种自尊心能够使学生更加坚定自己的身份认同，增强自己的自我价值感。同时，积极的自我认知也能够提高学生的自信心。当学生对自己有积极的评价时，他们会对自己的能力和成就有更大的

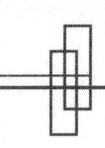

信心，相信自己能够克服困难并取得成功。这种自信心将推动他们勇敢地面对挑战，积极地探索和尝试新事物。

3. 培养学生的目标设定和自我管理能力

积极的自我认知可以帮助学生更好地设定目标并实施自我管理。通过了解自己的优点、能力和潜力，学生可以更准确地确定自己的目标，并制订相应的计划和策略。他们能够更好地认识自己的优势和弱点，并据此自我调整和提升。这种目标设定和自我管理的能力使学生更有条理和计划地学习和生活，更加高效地利用时间和资源。他们能够清楚地了解自己的学习需求和目标，选择适合自己的学习方法和策略，提高学习效果和成绩。此外，积极的自我认知还有助于培养学生的自我反思和自我评估能力。学生们能够深入思考自己的成长过程、面对困难时的表现以及自己的潜力等，从中找到改进和提升的方向。他们能够自我监控和调整学习行为，及时发现并解决问题，促进自我成长和进步。

二、提供有效的反馈和赞赏

为学生提供有效的反馈和赞赏是帮助他们建立积极的自我评价的重要策略。教师和家长可以定期给予学生积极的反馈，关注他们的努力和成就。这种正面的反馈可以让学生认识到自己的价值和能力，增强他们对自己的积极评价。同时，赞赏学生的进步和成就，鼓励他们继续努力。

（一）合理的反馈

有效的反馈应该是基于客观事实的，具备合理性和准确性。教师和家长在给予反馈时，要尽量客观地评价学生的表现和努力，不偏不倚地传达给学生。合理的反馈能够帮助学生更好地认识自己的优点和不足，发现自己的潜力和改进方向。例如，当学生在某项任务中取得进步时，教师可以指出他们在哪些方面表现出色，如何运用了所学的知识和技能，以及如何解决了问题。同时，对于需要改进的地方，教师也可以给予建设性的指导和建议，引导学生寻找改进的方法和策略。合理的反馈能够帮助学生更加客观地认识自己，形成积极的自我评价。

（二）具体的反馈

有效的反馈应该是具体的，明确指出学生的优点和成绩。模糊的、笼统的表扬往往无法给学生带来实际的指导和激励。相反，具体的反馈可以让学生清楚地知道自己在哪些方面做得好，从而更好地认识自己的能力和成就。例如，教师可以指出学生在某个项目中展示的创造力、组织能力或团队合作精神。这种具体的反馈可以帮助学生更深入地了解自己的优势，增强自我评价的积极性，并激励他们在相关领域继续努力。

（三）及时的反馈

有效的反馈应该是及时的。及时的反馈能够让学生更好地理解自己的表现，并及时调整和改进。教师和家长应该在学生完成任务或参与活动后尽快给予反馈，让学生对自己的

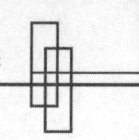

表现有清晰的认识。及时的反馈不仅可以帮助学生迅速纠正错误和改进，还能够增强学生对自己的信心和积极评价。当学生在完成一项任务或达成一个目标后，及时的赞赏和认可能够让他们感到被重视和肯定，进而建立起积极的自我评价。此外，及时的反馈还能够激发学生的学习动力和积极性，促使他们在学习过程中保持专注和努力。

（四）积极的赞赏

除了反馈，赞赏也是培养学生积极自我评价的重要手段之一。积极的赞赏可以是口头的肯定、鼓励和赞美，也可以是一些正向的行为奖励和认可。教师和家长应该及时注意到学生的努力和进步，并给予积极的赞赏。这种赞赏不仅可以让学生感知自己的价值，还能够激发他们的积极性和动力，进一步提高自我评价的积极性。例如，当学生在一次考试中取得优异成绩时，教师可以表扬他们的努力和聪明才智，并鼓励他们继续保持好的学习态度。此外，还可以通过奖励制度或表彰活动进一步激励学生，让他们感受到努力带来的积极结果。

通过提供有效的反馈和积极的赞赏，教师和家长能够帮助学生建立积极的自我评价。这种积极的自我评价将使学生更加自信、乐观且勇于面对挑战。他们将更加坚信自己的能力和潜力，愿意尝试新的事物，并为实现自己的目标而努力。同时，积极的自我评价也将对学生的心理健康和发展产生积极的影响，促使他们形成积极的心态、良好的自尊心和健康的人际关系。因此，提供有效的反馈和积极的赞赏是培养学生乐观心态和建立积极自我评价的重要环节，教师和家长应该共同努力，为学生提供支持和鼓励。

三、引导积极的思维方式

引导学生培养积极的思维方式是帮助他们建立积极的自我评价的重要途径。教师可以教授学生一些积极的思考模式和技巧，帮助他们从积极的角度看待问题和挑战。

首先，教师可以帮助学生培养积极的心态。积极的心态是积极思维方式的基础，它能够影响学生对自身和周围环境的看法。教师可以通过鼓励学生寻找问题的积极方面，引导他们积极面对挑战，并鼓励他们相信自己具备解决问题的能力。同时，教师还可以通过分享正面的故事、提供榜样和成功案例，激发学生的乐观情绪和信心，帮助他们形成积极的自我评价。

其次，教师可以教授学生一些积极的思考模式和技巧。例如，教导学生学会积极思考，即将问题视为成长的机会，而不是障碍或失败的证明。教师可以引导学生分析问题的原因和影响，鼓励他们寻找解决方案。通过培养学生的解决问题的能力和积极思维方式，他们能够更好地应对困难，从而增强自信心和自尊心。此外，教师还可以教授学生积极的自我对话技巧，即通过积极的内心对话激励、提醒自己的优点和能力。这种积极的自我对话可以帮助学生建立积极的自我评价，并更好地面对挑战和困难。

再次，培养学生的逻辑思维和问题解决能力也是引导积极思维方式的重要一环。逻辑思维和问题解决能力能够帮助学生理性地分析问题，找到解决问题的方法和策略。教师可以通过教授逻辑思维的基本原则和技巧,引导学生学会合理地评估问题的各个方面,并提出有根据的解决方案。这样的训练将使学生在面对问题时更加自信和乐观,相信自己有能力找到解决问题的途径。

最后,教师还可以鼓励学生培养积极的心理态度和情绪调节能力。学会调节情绪对建立积极的自我评价和思维方式至关重要。教师可以教导学生如何认识和管理自己的情绪,如何把负面情绪转变为积极情绪,这可以通过情绪管理技巧的培养和实践来实现,如深呼吸、积极自我对话、寻求支持等。当学生能够积极地管理自己的情绪时,他们更有可能保持积极的思维方式和自我评价,从而更好地应对挑战和困难。

第三节 提高学生应对困难的能力

当学生具备应对困难的能力,他们能更加自信和坚定地面对挑战,并相信自己能够克服困难,取得成功。本节将从培养学生的解决问题能力、鼓励积极思维、提供支持与指导等方面详细探讨如何提高学生应对困难的能力。

一、培养学生解决问题的能力

解决问题能力是学生应对困难的重要基础。通过培养学生解决问题的能力,他们可以更加理性和有效地面对困难,并找到解决问题的途径。

(一)教授解决问题的策略

教师可以引导学生学习解决问题的具体策略,如分析问题、制订计划、实施方案、评估结果等。学生通过掌握这些策略,能够更有条理地解决问题,并增强面对困难时的自信心。

1. 分析问题

教师可以教导学生学习如何准确地分析问题的本质和要素。这包括帮助学生识别问题的核心,理解问题的背景和原因,明确问题所需的解决方案。通过分析问题,学生能够更好地把握困难的本质,避免过度焦虑和混乱。

2. 制订计划

教师可以指导学生制订解决问题的详细计划。这包括帮助学生设定明确的目标和时间表,列出解决问题所需的步骤和行动计划。通过制订计划,学生能够系统性地思考解决问题的路径,并增强对解决问题过程的掌控力。

3. 实施方案

教师可以引导学生付诸行动并执行解决问题的方案。这包括帮助学生克服困难和阻碍,鼓励他们继续努力并灵活调整策略。教师可以提供指导和建议,确保学生在实施过程

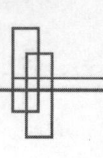

中遇到问题时能够得到帮助。

4. 评估结果

教师可以帮助学生学习如何评估解决问题的结果。这包括帮助学生分析解决方案的有效性和可行性，评估解决问题过程中的成功和失败之处。通过评估结果，学生能够从经验中吸取教训，改进解决问题的方法和策略。

教师在教授解决问题的策略时，应注意培养学生的批判性思维和创新能力。学生应被鼓励思考不同的解决方案，并培养独立思考和判断的能力。教师可以提出开放性问题，激发学生的思维，鼓励他们寻找不同的解决途径和创新思路。这种批判性思维和创新能力的培养将帮助学生更好地应对困难和挑战，并找到独特的解决方案。

（二）提供案例和实践机会

教师可以提供实际案例或模拟情境，让学生在实践中学习问题解决的过程。通过实践，学生可以应用所学的问题解决策略，培养解决问题的能力。

首先，提供案例可以帮助学生将所学的解决问题的策略应用到实际情境中。教师可以选择与学生日常生活或学习相关的案例，让学生分析和解决其中的问题。通过参与案例分析，学生将面对真实的困难和挑战，需要运用所学的知识、技能和思维方式解决问题。这种实际情境的应用能够提高学生对解决问题策略的理解和掌握程度，使他们更加熟悉和自信地应对各种困难。

其次，模拟情境的实践机会可以让学生在一个安全的环境中练习解决问题。教师可以设计一些角色扮演、团队合作或项目实践活动，让学生在模拟的情境中面对各种挑战和困难。这样的实践机会可以培养学生的合作精神、创新思维和解决问题的能力。同时，模拟情境也为学生提供了试错和反思的机会，他们可以在失败和挫折中学会调整和改进自己的解决策略，从而培养乐观心态和积极应对困难的能力。

最后，提供案例和实践机会还能激发学生主动学习和探索的欲望。学生在实际问题解决的过程中，需要积极主动地获取信息、探索解决方案和与他人合作。这个主动参与和探索的过程激发了学生的学习动力和求知欲望，使他们更加投入和积极地应对困难。通过参与实践活动，学生能够亲身体验解决问题的成就感和乐趣，进一步激发他们对学习和成长的兴趣。

在提供案例和实践机会时，教师应注重情境的真实性和相关性。案例应具有现实意义，与学生的生活和学习密切相关，以便学生能够在实际情境中感受到问题的紧迫性和重要性。同时，教师还应确保案例的难度适当，既能够激发学生的思考和探索，又不至于让他们过于沮丧或感到无法应对。此外，为了让学生能够充分参与和发展解决问题的能力，教师可以提供适当的资源和指导，如参考资料、解决问题的步骤和指导性问题，以帮助学生在实践中更好地运用所学的策略和技能。

在实践中，教师还可以通过小组合作和讨论的形式促进学生之间的互动和合作。学生可以在小组中共同探讨问题、分享思考和解决方案，并相互提供支持和反馈。这样的合作

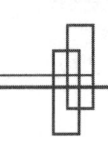

学习环境不仅培养了学生的团队合作能力，还促进了他们对不同观点和解决方法的理解和接受，拓宽了他们的思维和视野。同时，通过与他人的合作，学生也能够学会倾听和尊重他人的意见，培养良好的人际交往能力。

除了提供案例和实践机会，教师还应重视对学生在实践中的表现给予及时和有效的反馈。通过反馈，学生可以了解自己在解决问题过程中的优势和改进方向，进一步提升应对能力。教师可以针对学生的努力、创造性的解决方案、团队合作等方面给予肯定和赞赏，同时也提供指导和建议，帮助学生进一步完善他们的解决策略。这样的反馈可以激励学生继续努力，并相信自己在面对困难时具备克服和取得成功的能力。

（三）强调创造性思维

鼓励学生从不同的角度思考问题，培养创造性思维。创造性思维有助于学生找到非传统的解决方案，提升他们面对困难时的灵活性和适应性。

首先，创造性思维可以帮助学生拓宽问题解决的思路和路径。传统的思维方式往往局限于常规的解决方法和固定的思维框架，而创造性思维则能够突破传统思维的限制，打开新的解决思路。通过鼓励学生从多个角度思考问题，提出不同的观点和见解，学生可以发掘出更多可能性，探索非传统的解决方案。这种创造性思维的训练有助于培养学生的创新意识和独立思考能力，使他们在面对困难时更加开阔和积极。

其次，创造性思维培养了学生的问题识别和重构能力。在面对困难和挑战时，学生往往需要准确地识别问题，从不同角度重新构建问题。创造性思维使学生能够从更广泛、更深入的角度审视问题，并从中发现问题的本质和核心。通过问题的重构，学生能够更加准确地把握问题的关键点，找到解决问题的切入点。这种能力的培养使学生能够更有针对性和高效地应对困难，增强了解决问题的自信心。

最后，创造性思维还培养了学生的灵活性和适应性。困难和挑战往往需要学生具备灵活的思维和适应不同情境的能力。创造性思维的训练可以让学生习惯于从不同的角度思考问题，灵活地运用各种思维工具和技巧解决问题。学生通过创造性思维的锻炼，能够更加迅速地适应不同的环境和情况，灵活应对各种困难和挑战。这种灵活性和适应性还体现在学生对失败和挫折的应对能力上。创造性思维教会学生接受失败和挫折作为成长和学习的机会。在创造性思维的过程中，学生会经历多次尝试和实验，其中可能会出现失败的情况。然而，创造性思维鼓励学生从失败中吸取经验教训，重新审视问题，寻找新的解决方案。这样的经历帮助学生培养积极应对困难的态度和乐观心态，激发他们继续探索和创新的动力。

二、鼓励积极思维

积极思维是帮助学生应对困难的重要心理态度。鼓励学生培养积极思维有助于他们从正面的角度看待困难，并相信自己具备克服困难的能力。

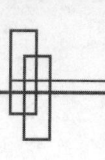

（一）正向思维训练

教师可以引导学生参与正向思维训练，帮助他们培养积极的心态。例如，鼓励学生关注解决问题的机会而不是问题本身，鼓励他们寻找成功的案例以激励自己。

1. 引导学生关注解决问题的机会

教师可以帮助学生意识到在困难和挑战中存在着解决问题的机会，鼓励学生从积极的角度思考问题，寻找问题中蕴藏的潜在机会和价值。通过引导学生积极思考问题，他们可以培养出积极的心态和抱有希望的信念。

2. 培养学生的自我激励能力

教师可以鼓励学生设立目标和制订计划，帮助他们发展自我激励的能力。学生可以设立具体的、可衡量的目标，并制订可行的行动计划。在实施过程中，教师可以提供支持和指导，帮助学生坚持并达成目标。通过这样的训练，学生可以培养出积极的动力和自我驱动力，更好地应对困难和挑战。

3. 鼓励学生寻找成功的案例

教师可以引导学生寻找与所面临问题相关的成功案例，以激励学生并证明问题是可以解决的。通过分享成功案例，学生可以从中获得启示和信心，并将其应用到自己解决问题的过程中。这种积极的经验分享可以培养学生的乐观心态和解决问题的信心。

4. 培养学生的感恩和积极情绪

教师可以引导学生意识到自己的成就和价值，并鼓励他们表达感恩之情。感恩的心态有助于培养学生的乐观心态和积极情绪，使他们更加关注积极的方面和资源。教师可以组织感恩活动，鼓励学生分享自己的成就和感激之情。

5. 创造积极学习环境

教师可以营造积极的学习环境，激发学生的积极思维和乐观心态。在课堂上，教师可以鼓励学生展示自己的创意和解决问题的思路，并给予积极的反馈和肯定。同时，教师也可以提供鼓励和支持的言语和姿态，让学生感受到他们的努力和进步是被重视和认可的。通过塑造积极的学习环境，学生能够建立起乐观的学习态度和积极的自我形象，更好地应对困难和挑战。

通过以上方法的综合运用，教师可以鼓励学生参与积极思维训练，培养他们的乐观心态和积极的问题解决能力。这种训练有助于学生更好地应对困难和挑战，增强他们的自信心和适应能力。同时，积极思维也为学生提供了更广阔的视野和创新的解决方案，促进他们在学习和生活中取得更好的成果。

（二）激励自我对话

通过积极的自我对话，学生能够调动内在的资源和激发积极的情绪，更好地面对挑战并找到解决问题的有效途径。

1. 建立积极的自我认知

教师可以帮助学生了解自己的优势、能力和潜力，并鼓励他们将这些正面的认知纳入自我对话中。教师可以引导学生回顾过去的成功经历，鼓励他们将这些成功视为自己的能力和潜力的证明。同时，教师还可以鼓励学生积极评价自己的努力和进步，使他们形成积极的自我形象，肯定自己的能力。

2.引导积极的语言表达

教师可以教导学生使用积极的语言表达自己的想法和情感。例如，教师可以鼓励学生使用积极的词汇，如"我可以""我有能力""我相信自己"等，以强化积极的自我对话。同时，教师也可以帮助学生避免消极和否定性的语言，如"我做不到""这太难了"等，以防止负面思维的影响。

3.培养积极的情绪调控能力

教师可以教导学生如何调控自己的情绪，以保持积极的心态和自我对话。学会认识自己的情绪，采取积极的情绪调节策略，如深呼吸、放松训练、积极思考等，有助于学生转变负面的自我对话并调整情绪状态。

教师在课堂中可以采用上述策略和方法，引导学生积极地自我对话，培养他们的积极心态和自信心。通过积极的自我对话，学生能够更好地应对困难和挑战，并在学习和生活中取得更好的成就。

三、提供支持与指导

学生在面对困难时，需要得到支持和指导，以帮助他们克服困难。

（一）建立支持网络

教师和家长可以共同努力，建立一个支持学生的网络。这可以包括与学生积极沟通、理解学生的困难和需求，并提供情感上的支持和鼓励。

1.积极地沟通与理解

教师和家长应与学生积极沟通，倾听他们的需求、担忧和困惑。通过与学生建立亲密的关系，理解他们的内心体验和情感状态，教师和家长可以更好地提供支持和指导。学生在面对困难时，需要有人倾听和理解他们的情感，从而使他们感到被关心、被支持，增强乐观的心态。

2.情感上的支持和鼓励

教师和家长应向学生传递正面的情感信息，表达对他们的支持和鼓励。这包括鼓励学生尝试新的事物，相信自己的能力，以及对他们的努力和成就给予赞扬和认可。当学生面临困难时，教师和家长应给积极的反馈，强调他们的进步和成长，从而提升学生的自信心和乐观情绪。

3.提供指导和策略

教师和家长可以共同为学生提供解决问题的指导和策略，如帮助学生分析困难的原因，制订有效的解决方案，提供必要的支持和资源。同时，教师和家长还可以分享自己的经验和故事，激励学生面对挑战，告诉他们困难是成长和学习的机会。

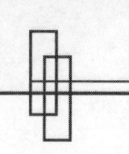

4.鼓励积极参与社交活动

学生在积极参与社交活动中可以建立支持网络，与同学、老师和其他成年人建立联系。这样的社交支持网络可以为学生提供情感支持、分享经验和应对困难的建议。教师和家长可以鼓励学生参加学校或社区的活动、俱乐部和志愿者组织，从而拓展他们的社交圈子。

5.培养自我支持和自我管理能力

除了外部的支持，教师和家长还应帮助学生培养自我支持和自我管理的能力。这包括教导学生自我反思和情绪调节的技巧，以应对困难和压力。教师可以引导学生学习积极的应对策略，如积极思维、放松技巧、问题解决技巧等。通过这些技巧的运用，学生可以更好地管理自己的情绪，调整自己的心态并保持乐观。

6.培养自我反思和成长的意识

教师和家长可以帮助学生培养自我反思和成长的意识。学生在面对困难时，可以鼓励他们思考并回顾自己的努力和进步，从而认识到自己的潜力和成长。教师可以引导学生自我评价和设定目标，让他们明确自己的优势和需要改进的方面，从而促进他们的自我成长和发展。

7.培养适应性思维和灵活性

教师和家长可以帮助学生培养适应性思维和灵活性，以更好地适应变化和挑战。教师可以鼓励学生面对困难时寻找不同的解决方案，鼓励他们接受失败和错误，从中学习和成长。适应性思维和灵活性的培养可以帮助学生更好地应对未知和不确定性，以及面对变化时保持乐观的心态。

8.建立合作与支持的学习环境

教师可以在课堂上营造积极的学习环境，鼓励学生之间的合作和支持。通过合作学习和小组讨论，学生可以互相学习和支持，在困难时共同寻求解决方案。教师可以设计团队项目和活动，培养学生的合作精神和团队意识，让学生感受到团队合作的力量和支持。

总之，为了培养学生的乐观心态和提高对困难的应对能力，教师和家长可以共同努力，建立一个支持学生的网络。通过积极的沟通与理解，情感上的支持与鼓励，提供指导与策略，建立支持网络和积极的学习环境，学生可以更好地应对困难，培养乐观的心态，在学习和生活中取得更好的成就。

（二）提供合适的挑战

教师可以根据学生的能力水平和兴趣，提供适当的挑战和任务。适度的挑战可以激发学生的学习动力，让他们有机会克服困难并取得成就感。

1.个性化的学习计划

教师可以根据学生的能力水平、兴趣和学习风格制订个性化的学习计划。通过了解每个学生的特点，教师可以为他们提供恰当的学习任务和挑战，使学生能够在适合自己能力水平的情境中成长和发展。

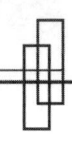

2. 不断提高难度

教师可以逐步增加学习任务的难度和复杂性。当学生逐渐掌握了当前的学习内容时，教师可以引入新的知识和技能，让学生面对新的挑战。逐步提高难度可以帮助学生适应新的学习需求，并激发他们的学习动力和求知欲。

3. 个别指导与扩展学习

教师可以针对学生的个别需求和兴趣提供个别指导和扩展学习机会。通过与学生的个别交流和反馈，教师可以了解他们的学习进展和潜力，为他们设计个性化的学习项目和挑战，以满足他们的成长需求。

4. 探索性学习和项目驱动学习

教师可以鼓励学生进行探索性学习和项目驱动学习。这种学习方式能够激发学生的创造力和独立思考能力，让他们在解决实际问题的过程中面对挑战和困难。通过参与真实世界的问题解决和创新性项目，学生可以体验到困难的挑战，逐步提高自己的解决问题的能力。

通过提供合适的挑战，教师可以激发学生的学习动力和乐观心态，培养他们面对困难的能力。适度的挑战能够激发学生的内在动力，帮助他们体验成功和成就感，从而提高自信心和乐观心态。同时，挑战也是学生成长的机会，让他们学会克服困难、灵活应对和持续努力。教师在提供挑战的过程中应根据学生的能力和兴趣进行个性化的安排，并提供相应的支持和指导，以确保学生能够在挑战中成长和发展。

（三）指导学习策略

教师可以教导学生一些有效的学习策略，帮助他们更好地组织学习、管理时间和解决问题。学生通过掌握这些策略，能够更有效地应对困难，提高学习效果。

1. 目标设定与规划

教师可以帮助学生设定明确的学习目标，并制订相应的计划和步骤。学生了解自己的目标且有具体的计划，能够更好地把握学习的方向和进度，减少困惑和焦虑感。

2. 主动学习与积极参与

教师可以鼓励学生积极主动地参与学习过程，包括主动提问、参与讨论、参加课外活动等。通过积极参与，学生能够更深入地理解知识，培养问题解决和批判性思维能力。

3. 多元化学习方法

教师可以介绍多种学习方法和技巧，如思维导图、记忆法、归纳法等，帮助学生根据不同的学习任务选择适合的方法。学生了解并灵活运用多元化的学习方法，可以更高效地获取和巩固知识。

4. 时间管理与计划

教师可以指导学生学习时间管理和计划的技巧，帮助他们充分利用时间、合理分配学习任务。学生掌握时间管理技巧后，能够更好地应对学习压力，减少拖延，树立乐观心态。

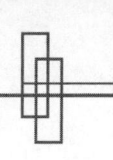

5. 解决问题的策略

教师可以引导学生学习解决问题的策略，如分析问题、寻找信息、制订解决方案和评估结果等。学生了解并熟练运用这些策略，能够更有效地应对各种学习和生活中的困难，增强应对困难的能力。

6. 反思与复习

教师可以鼓励学生反思和复习，帮助他们巩固、加深对知识的理解。学生通过反思和复习，可以发现自己的优势和问题，从而调整学习策略以改进学习效果。

教师在指导学习策略时应注重个体差异，因为每个学生的学习风格和偏好不同。教师可以与学生个别沟通，了解他们的学习方式和需求，并根据不同学生的情况提供有针对性的指导和支持。同时，教师应鼓励学生培养自主学习能力，使他们能够在面对困难时主动寻求解决方案，并灵活运用学习策略。

（四）培养坚持与毅力

教师可以鼓励学生培养坚持和毅力的品质，面对困难时不轻易放弃。通过培养坚持与毅力，学生能够坚持努力、克服挫折，逐渐提高应对困难的能力。

1. 建立积极的学习氛围

为了培养学生的坚持和毅力，教师需要营造积极的学习氛围。这包括鼓励学生对学习抱有兴趣和热情，创设激发学习动力的环境，让学生感受到学习的乐趣和成就感。教师可以通过组织有趣的学习活动、引入实际案例和生活应用等方式激发学生的兴趣，从而增强他们对学习的持久力和毅力。

2. 帮助学生设定明确的目标

目标的设定是培养学生坚持和毅力的重要一环。教师可以帮助学生制定明确、具体和可量化的目标，并将其分解为小步骤，逐步实现。学生清楚地知道自己的目标，通过一步步的努力和进展感受到自己的成长和进步，从而增强坚持的动力和毅力。

3. 培养自我调节能力

自我调节能力是学生培养坚持和毅力的重要因素。教师可以引导学生学会自我评估和反思，了解自己的学习需求和进展情况。通过自我监控和调整学习策略，学生能够更好地应对挑战和困难，调整自己的学习方向和方法，以实现长期的学习目标。

4. 鼓励学生面对挑战

挑战和困难是学生坚持和毅力的锻炼场所。教师应该鼓励学生积极面对挑战，培养他们解决问题和应对困难的能力。学生通过接触到具有一定挑战性的任务和项目，教师可以帮助他们建立克服困难的信心和毅力，通过经验和成就感激发他们的内在动力。

通过培养学生的问题解决能力、鼓励积极思维和提供支持与指导，学生能够更加自信、乐观地面对困难，且相信自己具备克服困难的能力。这种积极的应对能力将有助于学生建立乐观心态，且在面对困难时保持积极的心态和行动。

第三章 激发学生的内在动机

第一节 内在动机的概念和特点

内在动机是指个体自身内部产生的推动力和动机,而非外部的奖励或惩罚。它是指个体对某项活动本身的兴趣、成就感和满足感而产生的内在驱动力。

一、内在动机的概念和理论基础

(一)内在动机的定义

内在动机是人们内心深处产生的驱动力,是个体对一项活动本身的兴趣、自主性和成就感而产生的内在欲望和动力。它是一种自发性的动力,与个体的内部需求和欲望紧密相关,而不是受外部的奖励或惩罚所驱使。

内在动机的核心特征是对活动本身的兴趣和满足感。个体在内在动机下参与某项活动时,由于对该活动的兴趣和享受,他们主动投入其中,感受到积极的情绪和满足感。这种内在兴趣和满足感是活动本身产生的,而不是外部因素赋予的。相比之下,外在动机是依赖于外部奖励或惩罚的驱动力,而内在动机则更加自主和自发。

另一个重要的特征是内在动机与个体的自主性和自主控制有关。当个体在内在动机下参与活动时,他们感受到自己的自主性和自主控制权,能够自主选择和决定行动的方式和目标。他们由内部产生的动力推动自己行动,而不是受到外部的压力或指令所驱使。这种自主性使个体能够更好地表达自己的需求和个性,从而提升对活动的投入度和持久性。

内在动机还与个体的成就感和自我实现有关。个体在内在动机的驱动下,追求自己的成就和进步,寻求挑战和发展自己的能力。他们对活动的参与和表现感到自豪和满意,从中获得自我肯定和成就感。这种内在的满足感和成就感进一步增强了内在动机的持久性和强度。

内在动机的培养和发展对个体的学习、工作和生活具有重要意义。它能够激发个体的内在动力和积极性,促使他们主动学习、探索新知识、克服困难、追求自我提升和个人成就。此外,内在动机还与个体的创造力、创新性和自我调节能力相关,有助于培养个体独立思考、解决问题和适应变化的能力。

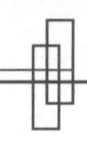

（二）自我决定理论

自我决定理论是由心理学家爱德华·德西（Edward L.Deci）和理查德·瑞安（Richard Ryan）提出的一种心理学理论，用于解释个体行为中的内在动机。该理论认为，个体具有三种基本的心理需求，包括自主性、能力感和归属感。当这些心理需求得到满足时，个体会体验到内在动机，表现出更高的积极性和努力。

1. 自主性

自主性是指个体的自我决定和选择的能力。它体现了个体对自己行为的控制和决定权。当个体感到自主性时，他们会感受到内在的动力和动机，更愿意主动参与活动，并为自己的行为负责。自主性的满足可以通过给予个体选择权、自主决策的机会以及尊重他们的意愿和观点实现。

2. 能力感

能力感是指个体对自己能力和技能的主观评价。当个体感到自己具备完成某项任务或达到某个目标所需的能力时，他们会感受到内在的满足感。教育者可以通过给予适当的挑战和支持，提供反馈和认可，以及鼓励个体的成长和进步，以满足个体的能力感需求。

3. 归属感

归属感是指个体与他人之间的联系和社会关系的满足。个体具有与他人互动、分享经验和情感联系的需求。当个体感到自己受到他人的关注、支持和认同时，他们会感受到内在的动机和满足感。教育者可以通过创造支持性的学习环境、培养良好的人际关系和团队合作，以及提供合作与交流的机会以满足个体的归属感需求。

自我决定理论认为，满足个体的自主性、能力感和归属感是激发和支持内在动机的关键。当个体在学习和行为中感到自主性、能力感和归属感时，他们会更有动力和意愿参与活动，并从中获得满足感和成就感。与此相反，当个体的自主性受到压制、能力感受到质疑或归属感受到疏离时，他们的内在动机可能受到抑制或削弱。

二、内在动机的特点

（一）自主性和内在控制

内在动机的一个重要特点是个体的自主性和内在控制。个体在内在动机下参与活动时，感觉自己有选择权和控制权，能够自主决定行动的方式和目标，而不是受到外部压力或指令的驱动。

1. 自主性

自主性指个体在内在动机下感受到自我决定行动的能力和权力。具有自主性的个体具备自主决策的能力，能够根据自己的兴趣、价值观和目标选择行动，并对自己的决策负责。自主性有以下三个表现形式。

（1）自主选择

个体能够自主地选择感兴趣的活动和任务，而不是被迫从事无意义或不感兴趣的事

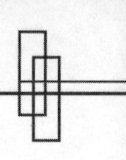

情。他们能够根据自己的偏好和目标，制订自己的学习计划和目标。

（2）内在动机

具有自主性的个体更容易体验到内在动机，他们对活动本身的兴趣和满足感驱动着自己的行为，而不是仅仅为了外部的奖励或认可而参与。

（3）自我决定

个体在自主性的基础上能够自主决定行动的方式、方法和目标。他们感受到自己有选择权和控制权，能够根据自己的需要和偏好规划自己的行为。

自主性的理论基础主要来源于自我决定理论，该理论认为个体具有满足三种基本心理需求的倾向，即自主性、能力感和归属感。当个体的这些心理需求得到满足时，他们会体验到内在动机，且表现出更高的积极性和努力。

2. 内在控制

内在控制是指个体相信自己能够对自己的行为和结果产生影响的一种心理状态。具有内在控制的个体认为他们的行为和结果取决于自己的能力和努力，而不是外部的因素或命运的支配。内在控制有以下两个表现形式。

（1）责任感

具有内在控制的个体对自己的行为和决策负责，且愿意承担相应的后果。他们相信自己的行为和选择会对结果产生影响，并主动承担责任。

（2）自我效能感

内在控制与个体的自我效能感密切相关。自我效能感是指个体对自己完成特定任务的能力和信心的评估。具有内在控制的个体往往具备较高的自我效能感，他们相信自己具备解决问题和克服困难的能力，因而更愿意面对挑战并坚持努力。

内在控制的理论基础主要源于心理学家朱利安·罗特（Julian Rotter）提出的"控制点理论"。该理论认为，个体对自己生活中的事件和结果归因于内部因素（内在控制）或外部因素（外在控制）会对其行为和心理产生影响。具有内在控制倾向的个体更容易表现出内在动机，因为他们相信自己的努力和行为能够影响结果，从而更有动力去追求自己的目标。

个体在内在动机下感受到自主决策和控制的能力，能够自主选择、体验内在动机，并自主决定行动的方式和目标。同时，内在动机也与个体的内在控制有关，个体具备较高的自我效能感和责任感，相信自己的努力和行为能够对结果产生影响。这些特点对个体的积极性、努力和持久性产生重要影响，促使他们更愿意主动参与并持续投入活动中。

（二）兴趣和享受

内在动机的表现形式之一是个体对活动本身的兴趣和享受。个体在内在动机下参与活动时，会感受到快乐和满足感，他们对活动的兴趣会持续增长，且愿意主动探索和深入该领域。

第一，兴趣是个体对某项活动或领域感兴趣的主观体验。它源自个体的内部需求和个

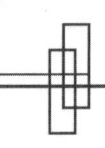

人偏好，是一种自发的心理状态。当个体对某项活动产生兴趣时，他们会感受到好奇、愉悦和投入感，这种内在的动力将驱使他们主动探索、学习和参与相关的活动。兴趣的产生可以是因为活动本身具有吸引力、挑战性或与个体的价值观和爱好相契合。

第二，培养兴趣对激发内在动机至关重要。教师、家长和环境因素可以在培养兴趣方面起到重要作用。一是了解个体的兴趣和偏好是培养兴趣的基础。通过观察、交流和探索，了解个体对不同活动的兴趣点和需求，可以为其提供相关的学习机会和资源。二是提供多样化的学习体验和机会，让个体能够广泛接触不同领域和活动，从中发现自己的兴趣所在。还可以通过提供积极的反馈和支持，增强个体对活动的自信心和满足感。三是创造积极的学习环境和氛围，鼓励个体的自主性和探索精神，使其能够在兴趣驱动下主动参与学习。

兴趣和享受的重要性不仅在于激发内在动机，还对学习和发展产生积极影响。当个体对某项活动感兴趣时，他们会更加专注、投入和有目的地学习。由于兴趣的存在，他们会体验到学习的乐趣和成就感，从而持续保持学习的动力和积极性。兴趣也有助于加深对知识和技能的理解和掌握，因为个体更愿意投入时间和精力去探索和解决相关问题。此外，兴趣还促进了个体的持久性和耐力。当个体对活动充满兴趣时，他们更有可能坚持，面对困难和挫折时保持积极的态度。他们会愿意付出额外的努力，不断追求进步。这种持久性和耐力的发展对个体的学习和成长至关重要，因为学习过程中难免会遇到挑战和困难，只有具备内在动机的个体才能坚持并克服困难，取得更好的成绩。

兴趣和享受在个体发展中的作用是相辅相成的。兴趣是引发个体内在动机的基础，它使个体感受到活动的吸引力和意义，激发其主动参与和投入。而享受则是内在动机的结果和反馈，它增强了个体的满足感和乐趣，进一步增强个体对活动的兴趣和参与度。因此，教育者和家长应该重视培养个体的兴趣，并创造条件让个体能够在学习过程中体验到乐趣和享受，从而激发其内在动机，促进其学习。

（三）自我激励和自我调节

内在动机的另一个特点是个体能够自我激励和自我调节。在内在动机下，个体内部产生的动力使其具备自我激励的能力，他们能够自主地设定目标、制订计划，并实行自我监控和调节行动，以达到预期的结果。个体在内在动机的驱动下，能够持续保持对活动的投入和努力。

首先，自我激励是指个体能够主动产生并维持内在的动力，以推动自己参与活动和努力奋斗。个体在内在动机的驱动下，对活动本身产生兴趣和热情，从而激发自我激励的能力。自我激励使个体能够设定明确的目标，并努力追求这些目标。个体通过内在的意愿和动力，驱使自己投入时间、精力和资源，持续地努力学习。他们能够克服困难和挫折，保持积极的态度，以实现设定的目标。

其次，自我调节是指个体能够主动监控和调节自己的行动，以确保其与目标的一致性。个体在内在动机的驱动下，能够评估和反思自己的行为，及时调整和改进。他们能够自觉地察觉到行动中的偏差或错误，并主动采取措施纠正。自我调节还包括管理时间、资源和注意力的能力，以确保个体能够有效地安排和利用学习的机会和资源。通过自我调节，个体能够保持行动的连贯性和一致性，确保自己的努力朝着预期的方向发展。

（四）持久性和长期参与

内在动机的持久性和长期参与对个体的学习和成长具有重要意义。

首先，持久参与使个体能够积累更多的经验和知识。通过长期的参与，个体能够深入了解活动的本质和要求，逐渐熟悉其中的技巧和策略。他们通过实践积累经验，不断提高自己在活动中的表现和成绩。持久地参与也意味着个体会面对不同的挑战和困难，从中学会解决问题和克服障碍，进一步提升自己的能力和适应性。

其次，长期参与有助于个体的自我发现和自我实现。通过持续参与活动，个体能够更好地了解自己的兴趣、才能和价值观。他们通过与活动的长期互动，逐渐发现自己的优势和潜力，并将其发挥到最大程度。长期参与使个体能够不断探索和发展自己的独特之处，找到自己的定位和发展方向。这种自我实现的过程对个体的自我认同和满足感非常重要，进一步激发其持久参与的动力。

最后，持久参与也有助于形成良好的习惯和自律性。通过长期的投入和努力，个体能够培养坚持、毅力和自我管理的能力。他们学会制订合理的目标和计划，并按照计划积极行动。这种自我调节和自律性有助于个体在面对困难和挫折时保持动力和积极性，坚持不懈地追求目标。持久参与形成的良好习惯和自律性还会渗透到其他领域，对个体的整体发展和成功具有积极的影响。

总之，内在动机的持久性和长期参与是个体在活动中持续投入和追求成长的重要特点。个体对活动的兴趣和满足感、自我调节和目标设定、认知评价和自我反思，以及与个体的价值观和意义感的契合，都对持久参与起着关键作用。

（五）创造力和创新性

内在动机还与创造力和创新性密切相关。当个体在内在动机下参与活动时，他们更容易展现出创造性思维和行为，能够提出新颖的解决方案和创新的想法。内在动机激发了个体的内在创造力，促进了个体的个性发展和创新能力的提升。

首先，内在动机提供了个体发挥创造力的动力和热情。当个体对某项活动感兴趣和产生满足感时，他们会投入更多的精力和注意力，从而激发出更多的创造性思维和行为。相比于外部奖励或压力驱动下的行为，内在动机能够唤起个体内在的创造力和创新能力，使其更加自发地追求新的想法和解决方案。

其次，内在动机提供了个体展现创新能力的自主性和自由度。在内在动机下，个体能够自主决定行动的方式和目标，不受外部压力和约束的限制。这种自主性和自由度为个体提供了创新的空间和机会，使其能够探索和尝试不同的思路和方法。个体在内在动机的驱动下，能够充分发挥自身的想象力和创造力，提出独特和富有创新性的观点和方案。

再次，内在动机还与个体对挑战和困难的积极应对能力相关，进一步促进了创造力和创新性的表现。内在动机下的个体更乐于接受挑战、面对困难，他们将困难视为学习和成长的机会，通过努力和探索克服障碍。这种积极应对的态度和行为为个体的创造力提供了更广阔的发展空间，使其能够在面对复杂问题时提出独特和创新的解决方案。

最后，内在动机还与个体的认知灵活性和开放性相关。内在动机下的个体更加关注新的经验和知识，他们愿意接纳不同的观点和思维方式，从而促进了创造性思维的产生。个体在内在动机的驱动下，会更加勇于尝试新颖和非传统的想法，并将其与已有的知识和经验融合并积极创新。这种认知灵活性和开放性为个体的创造力和创新性的发展提供了有利条件。

第二节　创造积极的学习环境以激发学生的内在动机

创造积极的学习环境对激发学生的内在动机至关重要。这种环境能够提供学习的动力和乐趣，激发学生的学习兴趣和主动性。在一个积极的学习环境中，学生感受到支持、挑战和自主性，他们更愿意参与学习并追求个人的成长和发展。

一、教师的角色

为了创造积极的学习环境，教师扮演着关键的角色。教师应具备激发学生内在动机的能力和意识，可以通过四种方式实现这一目标。

（一）建立良好的师生关系

教师应与学生建立积极、支持和信任的关系。这种关系能够增强学生的归属感和自尊心，使他们更愿意积极参与学习。

1. 倾听和关注

教师应倾听学生的想法、感受和意见，对学生的言辞、行为和表达给予关注和重视。这种关注不仅表现在课堂上，还表现在学生个体或小组会议、咨询时间等情境中展现出对学生的关心和支持。通过倾听和关注，教师可以了解学生的需求和兴趣，建立起与学生的良好沟通基础。

2. 尊重和接纳

教师应尊重学生的个体差异，包括他们的文化背景、兴趣爱好、学习风格等方面。教师要避免歧视学生或产生偏见，提供一个包容性的学习环境，让每个学生都感受到被接纳和被尊重。尊重学生的独特性和多样性有助于建立起互信和良好的师生关系。

3. 反馈和鼓励

教师在给予学生反馈时应注重积极地回馈和鼓励，及时地给予学生肯定和赞扬，鼓励他们在学习中的努力和成就。教师的鼓励和认可对学生的自尊心和自信心具有重要影响，

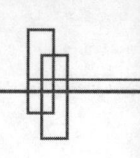

激发他们的内在动机，使其更加乐于接受挑战并追求学习的成功。

4. 导师角色

教师可以充当学生的导师，提供学习和发展的指导。通过个别指导、小组讨论、学术指导等方式，教师可以为学生提供个性化的学习支持，帮助他们设定学习目标、制订学习计划，并在学习过程中给予指导和反馈。教师的导师角色可以帮助学生建立自我管理和学习能力，增强他们对学习的投入和动力。

5. 公正和平等

教师应以公正和平等的态度对待学生。在评价和分配资源时，教师应确保公正和客观的标准，避免任何形式的偏袒或歧视。学生需要感受到公平的待遇，才能建立起信任和尊重的师生关系。教师要确保学生有平等的参与机会，不论其背景、能力或特殊需求，都能够获得公平对待和公正评价。这样的公正环境能够激发学生的内在动机，使他们愿意全身心投入学习。

6. 建立合作关系

教师可以鼓励学生之间的合作与互助，创建一个合作性学习环境。通过小组活动、合作项目等形式，教师能够培养学生之间的互助精神和团队合作能力。学生之间的合作关系有助于建立相互支持和分享资源的氛围，激发学生的内在动机，共同追求学习的目标。

学生在这样的环境中感受到教师的关注和支持，培养了归属感和自尊心，从而更愿意积极参与学习并展现出内在动机。这种师生关系的建立不仅有助于学生的学习和发展，还为他们的个性成长和创新能力的培养打下了坚实的基础。

（二）提供具有挑战性的学习任务

教师在创造积极学习环境、激发学生内在动机的过程中，扮演着关键角色。其中，提供具有挑战性的学习任务是教师的一项重要任务。挑战性的学习任务可以激发学生的好奇心和求知欲，促使他们主动思考和探索，进而增强他们的内在动机。

1. 设计具有适当难度的任务

教师在设置学习任务时，应根据学生的能力水平和发展需求，设计具有适当难度的任务。任务过于简单可能导致学生失去兴趣和动力，而过于困难的任务可能使学生感到挫败和无能为力。因此，教师需要了解学生的学术水平和个体差异，设计出能够引起学生挑战意识的任务，使他们在完成任务的过程中能够感到成就和满足。

2. 提供多样化的学习任务

教师可以通过提供多样化的学习任务，满足不同学生的学习需求和兴趣。多样化的学习任务可以涵盖不同的学科领域、问题类型和解决方法，激发学生的学习兴趣和探索欲望。例如，教师可以设计开放性的探究性任务，要求学生自主收集信息、分析问题、提出解决方案；或者设计项目式任务，让学生在实际情境中应用知识和技能，解决真实的问题。这样的学习任务能够激发学生的创造力和创新思维，培养他们解决问题的能力和批判性思维。

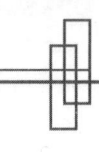

3. 提供支持和引导

虽然挑战性的学习任务能够激发学生的内在动机，但一些学生可能会面临困难和挑战。在这种情况下，教师的角色是提供支持和引导，帮助学生克服困难，发现解决问题的路径。教师可以通过提供清晰的指导和示范、反馈和建议，帮助学生理解任务要求，培养解决问题的方法和策略。教师还可以组织小组合作，让学生互相支持和学习，共同克服难题。这种支持和引导可以使学生保持动力和积极性，更好地应对挑战性的学习任务。

（三）鼓励学生自主学习

教师应提供学生自主学习的机会和空间，给予学生选择的权利，让他们能够根据自身兴趣和需求确定学习目标和路径，从而增强他们的学习动机和责任感。

1. 提供选择的权利

教师可以给予学生在学习过程中作出选择的权利。这意味着让学生在学习内容、学习方式和学习资源等方面有一定的自主决策权。教师可以设计学习项目或任务，让学生选择自己感兴趣的主题或问题深入研究。同时，教师可以提供多样化的学习资源，让学生根据自己的学习风格和需求选择适合自己的学习材料和工具。通过给予选择的权利，学生能够更加投入学习，因为他们感到自己对学习过程有掌控力，能够根据自身的兴趣和需求学习。

2. 培养学习策略和元认知能力

教师可以帮助学生发展和提升学习策略和元认知能力。学习策略是指学生在学习过程中采取的计划、组织和控制学习活动的方法。元认知能力是指学生反思和监控自己的学习过程和学习策略的能力。教师可以教授学习策略，如时间管理、记忆技巧、问题解决和思维导图等，帮助学生更加有效地学习。同时，教师可以鼓励学生进行元认知反思，让他们意识到自己的学习过程中可能存在的问题和需要改进的方面。通过培养学习策略和元认知能力，学生能够更好地掌握自主学习的技能，从而增强学习动机和自主性。

二、学校的支持

学校和教育机构可以采取一些措施以实现这一目标。

（一）提供多样化的学习材料和工具

学校应提供丰富多样的学习材料和资源，包括图书馆、实验室、艺术工作室等。这些资源能够满足学生的不同兴趣和学习需求，激发他们的探索欲望和创造力。

1. 图书馆

图书馆是学校提供的重要学习资源之一。学校图书馆应当收藏丰富多样的书籍、期刊、报纸等，涵盖各个学科领域的内容。这些书籍不仅满足学生的学习需求，还可以激发他们的阅读兴趣和独立思考的能力。图书馆还可以提供电子资源和在线数据库，让学生能够获取到更广泛和更及时的学术信息。此外，学校图书馆还可以开设阅读俱乐部、读书分

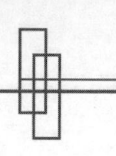

享活动等，鼓励学生主动阅读并分享自己的阅读体验。

2. 实验室

实验室是学校提供的科学探究和实践学习的重要场所。学校应该配备齐全的实验设备和材料，让学生能够进行各种实验和观察。通过实际操作和亲身体验，学生能够更深入地理解学科知识，并培养实验设计、数据分析和解决问题的能力。实验室还可以开展科学竞赛、研究项目等活动，激发学生的科学兴趣和研究热情。

3. 艺术工作室

艺术工作室是学校提供的艺术创作和艺术表现的场所。学校应该提供绘画、雕塑、音乐、舞蹈等多种艺术材料和设备，让学生能够发展自己的创造力和艺术才能。艺术工作室不仅能够培养学生的审美意识和艺术技能，还可以促进学生的情感表达和自我实现。学校可以组织艺术展览、演出等活动，让学生展示自己的艺术作品，获得他人的认可和支持。

（二）引入实践和体验学习

通过实际参与和亲身体验，学生能够将抽象的知识与实际情境相结合，深化对知识的理解和应用。在这种学习方式下，学生成为知识的主动探索者和实践者，不仅培养了解决问题能力和创新思维，还增强了学习动机和自主学习能力。

第一，实践和体验学习提供了学生应用知识的实际场景。传统的教室教学往往局限于书本和幻灯片的呈现，学生难以将所学知识与实际情境相联系。而通过实践和体验学习，学生可以亲自参与实地考察、实验室实践、社区服务等活动，将所学知识应用到真实的情境中。例如，在生物学课程中，学生可以参加实验观察和野外考察，了解生态系统的组成和相互作用；在社会科学课程中，学生可以参与社区调研和志愿者活动，了解社会问题的本质和解决方法。这样的实践经验使学生能够更好地理解和掌握知识，并感受到学习的实际意义和应用价值。

第二，实践和体验学习激发学生的内在动机和学习兴趣。学生在实践中能够亲身体验到学习的乐趣和成就感，激发他们的内在动机和好奇心。相比于被动接受知识的传统学习方式，实践和体验学习使学生成为学习的主动参与者和探索者。他们通过实际操作、观察和分析，不断发现问题、解决问题，培养了解决实际问题的能力和意愿。这种主动参与和探索的学习过程，使学生对学习感到更有动力和兴趣，持续投入并追求更高水平的成就。

第三，实践和体验学习还培养了学生的问题解决能力和创新思维。在实践中，学生面临各种挑战和问题，需要运用所学知识和技能来解决。通过思考、实践和反思，学生逐渐培养了解决问题的能力，学会分析问题、提出解决方案，并勇于尝试和创新。实践和体验学习鼓励学生思考和探索，培养他们的批判性思维和创新思维。在实际操作中，学生需要不断调整策略、改进方法，并尝试新的思路和方案。这种培养创新能力的学习方式有助于学生培养独立思考、寻找新颖的解决方案的能力，为他们未来的学习和职业发展打下坚实基础。

第四，实践和体验学习提供了学生自主学习的机会。通过参与实践和体验活动，学生

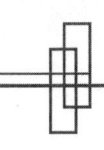

能够根据自己的兴趣和需求，选择和规划自己的学习路径。他们可以自主探索感兴趣的领域，展开个性化的学习项目，并根据实践经验进行反思和调整。这种自主学习的过程培养了学生的自主性、责任感和自我管理能力。他们学会制订学习目标、学习计划，并通过实践和反馈不断调整和改进自己的学习策略。这种自主学习的方式使学生在学习中发挥更大的主动性和创造性，更好地适应未来的学习和工作环境。

第五，在实践和体验学习中，教师的角色是引导者和支持者。教师可以设计和组织实践活动，提供必要的指导和支持，确保学生能够在实践中获得有效的学习体验。教师还可以激发学生的学习兴趣和好奇心，鼓励他们提出问题、寻求解决方案，并及时给予反馈和评价。同时，教师还应提供适当的资源和环境，支持学生的实践和体验学习。这可以包括建立实验室和创客空间、与社区建立合作关系、引入实践导师等措施，为学生提供多样化的学习机会和资源。

（三）提供团队合作和交流机会

团队合作和交流活动能够促进学生之间的互动和合作，培养他们的合作精神、沟通能力和团队意识。在这样的学习环境下，学生能够通过相互合作、交流和分享经验，共同解决问题、实现目标，进一步激发他们的内在动机和创造力。

首先，团队合作和交流活动提供了学生之间互相借鉴和启发的机会。学生在团队中能够分享彼此的想法、观点和经验，从不同的角度思考问题，获得多样化的解决方案。通过集思广益，学生能够汲取他人的智慧和经验，拓宽自己的视野和思维方式。这种相互借鉴和启发的学习方式能够激发学生的学习兴趣，提高他们对学习的投入和积极性。

其次，团队合作和交流活动培养了学生的合作精神和沟通能力。在团队中，学生需要与他人合作，共同解决问题和完成任务。他们需要学会倾听和尊重他人的观点，表达自己的想法，并与团队成员有效沟通和协调。通过这样的合作过程，学生不仅培养了团队合作的技能，还学会了与他人合作、提高了协商和解决冲突的能力。这种合作精神和沟通能力是学生在日后工作和生活中必不可少的重要素质。

最后，团队合作和交流活动能够激发学生的内在动机和创造力。在团队中，学生面临着共同的目标和挑战，需要共同努力、协同工作。通过团队合作，学生能够体验到合作的乐趣和成就感，增强他们对学习的动力和自信心。此外，团队合作还可以激发学生的创造力。在团队中，学生可以通过相互的启发和交流，提出创新的想法和解决方案；可以在合作中尝试新的方法和策略，发挥自己的创造力，从而提高解决问题的能力和水平。

三、家庭和社会的支持

家长和社会可以通过一些方式激发学生的内在动机。

（一）鼓励家庭学习氛围

家长可以营造积极的学习氛围，提供学习资源和支持，与孩子一起探索知识、分享经

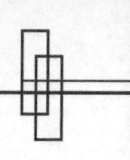

验，并给予鼓励和赞赏，激发孩子的学习兴趣和内在动机。

首先，家长可以提供学习资源和支持，为孩子提供丰富多样的学习材料，如图书、电子资源、艺术品和科学实验器材等。此外，还可以协助孩子参加学习活动和课外辅导班，以满足孩子的兴趣和需求。这种学习资源和支持可以帮助学生扩展知识领域、提高学习效果，并增强他们的学习动力和自信心。

其次，家长可以与孩子一起探索知识和经验，鼓励孩子提出问题、表达观点，并与孩子对话和讨论。通过互动，可以帮助孩子扩展思维，培养批判性思维和创造性思维。此外，家长还可以与孩子一起参观博物馆、艺术展览、科学展示等，开阔孩子的视野，拓宽他们的知识面。这样的亲子学习体验可以激发孩子的学习兴趣和求知欲。

再次，家长可以定期与孩子一起制订学习计划，并为他们提供安静的学习环境。家庭成员可以共同学习、交流学习经验，并互相支持和帮助。在家庭学习氛围的引导下，家长可以制订规定，鼓励孩子在特定时间和地点专注于学习；也可以创建一个安静、整洁、有序的学习环境，为孩子提供良好的学习条件。

最后，家长还可以设定学习目标和奖励机制，激励孩子积极参与学习活动。当孩子取得学习成就或有进步时，家长应及时给予肯定和赞赏。这种正向的反馈能够增强孩子的自信心和学习动力，让他们意识到自己的努力和付出是有价值的。同时，家长也要在孩子面临困难和挫折时给予支持和鼓励，帮助他们建立积极的学习态度和应对困难的能力。

（二）社会角色模范

社会中的各种角色，如社区领导者、企业家、艺术家等，对学生的内在动机也具有积极的影响。他们的成功经验和创新精神能够激发学生的潜力和创造力，让他们对未来充满信心和动力。

首先，社区领导者是社会角色模范的重要代表。社区领导者通过自己的努力和奉献，为社区的发展和改善作出贡献。他们具有积极的社会责任感和领导力，在解决社会问题和推动社区发展方面发挥着重要作用。学生通过了解社区领导者的故事和成就，可以受到他们积极向上的价值观和人生态度的影响，激发自己对社会公益事业的兴趣和参与意识。

其次，企业家也是激发学生内在动机的重要角色模范。企业家通过创新思维和创业精神，建立了成功的企业和品牌。他们在面对挑战时展现出的勇气和决心，以及对市场机遇的敏锐把握，为学生树立了追求梦想和实现个人目标的榜样。学生通过了解企业家的创业故事和成功经验，可以受到他们坚持不懈的精神和对热爱创新的启发，激发自身追求个人成就和创造力的动力。

最后，艺术家也是社会角色模范的重要组成部分。艺术家通过自己的创作和表达，传递着深刻的情感和思想。他们具有独立思考和创造力，并勇于表达个人观点和审美追求。艺术家的作品和艺术实践能够启发学生对美的感知和审美意识，激发他们的艺术创造力和表达欲望。学生通过欣赏和学习艺术家的作品，可以培养自己的审美情趣和创意思维，激发他们在艺术领域的内在动机。

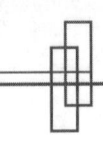

除了上述角色模范，科学家、教育家、运动员等也是激发学生内在动机的重要社会角色模范。科学家通过对科学研究的热爱和追求，为人类的进步和发展作出了重要贡献。他们创新的思维、严谨的科学方法和对未知领域的探索精神，激发了学生对科学知识的兴趣和求知欲。学生通过了解科学家的研究成果和科学探索的过程，可以受到批判性思维和解决问题的能力的启发，激发自身在科学领域的内在动机。

（三）提供实践机会和导师指导

社会可以为学生提供实践机会，如实习、志愿者活动等，让学生能够将所学知识应用于实际场景，并从实践中获得成就感和学习体验。同时，社会中的导师和专业人士也可以提供指导和支持，帮助学生发展创造力和创新能力。

首先，提供实践机会是创造积极学习环境的重要举措之一。学生通过实践活动，能够将课堂上学到的理论知识与实际应用相结合，加深对知识的理解和掌握。实践活动可以包括实习、实地考察、社区服务等形式，让学生亲身参与并体验真实的工作环境和社会需求。通过实践，学生能够直接面对问题和挑战，培养解决问题的能力、创新思维和实践技能。实践经验的积累可以激发学生的成就感和学习兴趣，进而增强他们的内在动机。

其次，导师指导对学生的成长和发展至关重要。导师可以是行业专家、教育家、社会领袖等，他们拥有丰富的经验和专业知识，能够为学生提供指导和支持。导师可以与学生建立良好的师生关系，通过个别指导、定期讨论等方式，帮助学生明确自己的兴趣和目标，指导他们在学术、职业等方面的发展。导师的指导和鼓励可以激发学生的创造力和创新思维，给予他们在学习和成长中的支持和引导。

导师指导的重要性在于提供学生个性化的指导和培养，帮助他们发现自己的独特优势和潜力。导师可以帮助学生制订学习计划、选择适合的课程和项目，并在学习过程中给予及时的反馈和评价；还可以为学生提供机会参与研究项目、学术会议等，拓宽他们的学术视野并培养他们独立思考和创新的能力。导师的支持和指导能够激发学生的内在动机，使他们感受到自己的重要性和成长的动力。

第三节　培养学生目标设定和自我激励的能力

培养学生的目标设定和自我激励能力是创造积极学习环境，激发学生的内在动机的重要方面之一。这种能力的培养可以帮助学生明确自己的学习目标、制订可行的计划，并以自我激励的方式坚持追求目标。通过适当的指导和培养，学生能够建立自信、充满动力，并在学习过程中不断提高自我效能感，从而更积极主动地投入学习。

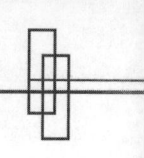

一、帮助学生明确学习目标

学生在学习过程中需要明确自己的目标，知道自己想要达到什么样的成果。学校可以通过指导和辅导，帮助学生了解自己的兴趣、价值观和职业志向，进而制定符合个人需求和愿景的学习目标。这样的目标设置能够激发学生的内在动机，使他们意识到学习的重要性和意义，从而更有动力追求目标。

（一）提供个性化指导

每个学生都有独特的兴趣、价值观和职业志向，因此，学校应该提供个性化的指导，帮助学生了解自己并明确学习目标。这可以通过一对一的咨询、职业规划课程和心理辅导等方式实现。学校可以与学生深入交流，探讨学生的兴趣爱好、优势和目标，以便制定符合其个人需求和愿景的学习目标。这种个性化指导有助于激发学生的内在动机，使他们感到自己的学习目标与个人发展紧密相关，从而更有动力去追求目标。

第一，个性化指导可以帮助学生了解自己的兴趣和倾向。学校可以提供兴趣测评和职业探索活动，帮助学生发现他们对不同学科、领域或行业的兴趣。通过探索自己的兴趣，学生可以更好地了解自己，并在学习过程中找到更多的乐趣和动力。学校可以提供相关的资源和信息，向学生介绍各门学科、职业的特点和发展前景，帮助他们作出明智的选择。

第二，个性化指导可以帮助学生明确自己的价值观和目标。学校可以通过教育课程、导师制度和学生社团等途径，引导学生思考自己的价值观和人生目标。通过与导师和同龄人的互动，学生可以扩展视野，认识到自己的责任和影响力。学校也可以组织讨论会、辩论赛和社会实践等活动，让学生与不同背景的人交流，拓宽他们的思维和意识，从而明确自己的学习目标和追求的意义。

第三，个性化指导可以帮助学生了解不同的学习路径和机会。学校可以为学生提供多样化的学习资源和选择，包括课程选修、实习实践、社区服务等。通过与学生个体化的讨论和评估，学校可以根据学生的兴趣和目标，制订个性化的学习计划。这些计划可以包括特殊项目、独立研究、跨学科学习等，以满足学生的个性化需求，并为他们提供更有挑战性和更有意义的学习机会。

第四，个性化指导还可以关注学生的学习能力和学习风格。学校可以通过学习风格评估和学习策略培训，帮助学生了解自己的学习偏好，掌握有效的学习方法。不同的学生具有不同的学习方式和节奏，有些学生更适应视觉学习，而有些学生则更喜欢听觉或动手实践。通过了解自己的学习风格，学生可以更好地调整学习方法和策略，提高学习效果。学校可以提供相关的培训和资源，教授学生如何制订学习计划、管理时间、记忆和理解信息、解决问题等技巧，从而增强学生的自我激励能力。

（二）强调长期规划

学校应该帮助学生认识到学习是一个长期的过程，鼓励他们做好长期规划。通过引导学生思考自己的长远目标和职业发展道路，学校可以帮助他们明确短期和长期的学习目

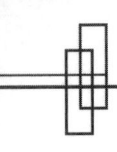

标,并将其与个人愿景相联系。这样的长期规划能够激发学生的内在动机,让他们认识到每一个学习阶段的重要性,并为实现长远目标而努力奋斗。

首先,学校可以提供职业规划课程和资源,引导学生探索不同的职业领域和发展机会。这包括了解不同职业的要求、行业趋势和就业前景。通过与专业人士的互动和实践机会,学生可以更好地了解自己的兴趣、天赋和价值观,并与潜在的职业目标相匹配。学校还可以组织职业咨询活动和校友讲座,让学生从成功的人士身上汲取经验和启发,进一步明确自己的职业目标。

其次,学校可以引导学生制订个人发展规划,涵盖学习、技能和个人成长等方面。学校可以提供一对一咨询,探讨学生的兴趣、优势和目标,并帮助他们制订符合自身需求和愿景的学习计划。这样的规划应该包括短期和长期的目标,以及实现这些目标所需的步骤和资源。学校可以提供指导和建议,帮助学生制订可行的计划,并鼓励他们建立自我激励的意识和习惯。

最后,学校可以利用学习评估和反馈机制,帮助学生跟踪自己的学习进度和成果。通过定期评估和反馈,学生可以了解自己在学习过程中的强项和需要改进的地方,并调整和优化自己的目标。学校可以提供学习日志、学习档案和学习报告等工具,让学生记录和总结自己的学习经历,以便在长期规划中回顾和反思。学校还可以组织学术辅导和个人指导,为学生提供有针对性的反馈和建议,帮助他们不断提高自我激励的能力,以促进学习目标的实现。

(三) 培养自我认知能力

学校应该帮助学生培养自我认知能力,让他们更好地了解自己的优势、劣势和学习风格。通过评估工具、自我反思和学习风格测试等方式,学校可以帮助学生认识到自己的学习特点和倾向,从而更准确地制定学习目标。例如,一个学生可能更适合以视觉方式学习,而另一个学生可能更喜欢通过听力方式学习。通过了解自己的学习风格和喜好,学生可以制定更具体和更实际的学习目标,并采取适合自己的学习策略,增强自我激励的效果。

首先,学校可以提供评估工具和自我反思的机会,帮助学生全面了解自己的特点和倾向。评估工具可以包括学习风格测评、兴趣调查和个性特征测试等,通过分析和解读评估结果,学生能够更加清楚地了解自己的学习偏好、强项和改进的方向。此外,学校还可以组织自我反思的活动,如写作任务、学习日志和小组讨论,引导学生思考自己的学习经验、成就和困难,进一步加深对自己的认知。

其次,学校可以通过学习指导和辅导,帮助学生分析和理解评估结果,发掘自己的潜力和发展方向。指导员和教师可以与学生一对一或小组交流,探讨学生的评估结果,帮助他们理解自己的学习风格、能力和发展需求。在这个过程中,指导员和教师可以提供相关的资源和建议,指导学生如何根据自己的认知特点和学习需求,制定明确和可行的学习目标,以及相应的学习计划和策略。

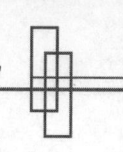

最后，学校还可以开设专门的课程或工作坊，教授学生关于自我认知和学习策略的知识和技能。这些课程可以包括学习方法、时间管理、目标设定和自我评估等方面的内容。通过这些课程，学生能够学习到有效的学习策略和技巧，了解如何利用自己的学习特点和倾向，提高学习效果和自我激励的能力。同时，学校还可以通过讲座、研讨会和培训活动等形式，邀请专家和成功人士分享他们的学习经验和自我认知的重要性，激发学生的兴趣和动机。

在培养学生的自我认知能力过程中，学校应该注重学生的多样性和个体差异。每个学生都有自己独特的学习风格、认知能力和发展需求，因而学校应该采取灵活的方法和个性化的指导，以满足不同学生的需求。

二、提供个性化的学习计划

每个学生都有不同的学习方式和节奏。为了激发学生的内在动机，学校应该提供个性化的学习计划和资源，让学生能够根据自己的需求和兴趣安排学习进程。个性化学习计划可以包括强化学习、自主学习和合作学习等在内的不同学习方式，以满足学生的学习风格和需求。此外，学校还可以提供多样化的学习资源，如图书馆、实验室、在线课程等，让学生能够根据自己的兴趣和目标选择适合自己的学习材料和工具。

（一）学生需求调查

学校可以通过问卷调查、个人面谈等方式了解学生的学习需求、兴趣爱好和学习风格。

1. 理解学生的多样性

学生是多样性的群体，每个学生都有独特的背景、兴趣和学习需求。通过调查学生需求，学校可以更好地了解学生的个体差异，包括他们的文化背景、家庭环境、兴趣爱好和学习风格等方面。这种了解有助于学校为学生提供个性化的学习计划和资源，满足他们的学习需求，从而激发他们的内在动机。

2. 支持学生参与决策

调查学生需求使学校能够将学生纳入决策的过程中。通过征求学生的意见和建议，学校可以让学生参与制订学校的教学和学习策略，增加学生的参与感和责任感。学生会意识到自己的声音被重视，自己的需求被满足，这将促使他们更积极地参与学习并培养自己目标设定和自我激励的能力。

3. 选择合适的调查工具

为了进行有效的学生需求调查，学校应选择合适的调查工具。问卷调查是一种常用的方法，可以通过编制问题清单，涵盖学生的学习需求、兴趣爱好、学习风格和对学校资源的需求等方面。此外，个人面谈和小组讨论也是有益的方式，能够更深入地了解学生的需求，帮助学校更加准确地制订个性化的学习计划。

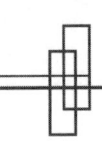

4. 保障调查的有效性和隐私性

为了确保学生需求调查的有效性和隐私性，学校应采取相应的措施。

首先，问卷调查应设计合理，问题应明确、具体，且包含合适的回答选项。

其次，学校应该确保学生需求调查的机制具有透明性和保密性，让学生感到他们的意见和反馈是被尊重和保护的。学校可以向学生解释调查的目的和意义，并说明他们的参与是自愿的。

最后，学校应明确保护学生隐私的措施，如匿名填写问卷、保密数据处理等。

5. 分析和利用调查结果

学校收集到的学生需求调查数据应经过仔细的分析和评估，以提取出有关学生需求的关键信息和模式。通过这些数据，学校可以识别出学生群体的共同需求和优先事项，并据此制订个性化的学习计划和资源；还可以利用调查结果与学生进行沟通，解释计划的制订过程，让学生知道他们的反馈和需求是被重视的。

6. 持续改进和更新

学生需求是不断变化的，因而学校应定期调查学生需求，并根据调查结果持续改进和更新。学校应保持与学生的良好沟通，了解他们的需求变化，并及时调整学习计划和资源以适应这些变化。这种持续改进和更新的过程可以增强学生的参与感和满意度，进一步激发他们的内在动机和自我激励能力。

（二）学习内容分层

个性化学习计划应该考虑到学生的学习能力和进展水平。针对学生的不同程度，学校可以设置不同的学习阶段和难度级别，使每个学生都能够在适合自己的学习水平上取得进步。对那些进步较快的学生，学校可以提供额外的挑战和拓展任务，以满足他们的学习需求和求知欲望。

1. 了解学生的学习能力

学校应通过评估和测试等方式，全面了解学生的学习能力和知识水平。方式包括标准化考试、课堂测验、作业评估等，以获得客观的数据和信息。此外，教师还可以通过观察和交流了解学生的学习特点和表现。

2. 设定学习阶段和难度级别

基于学生的学习能力，学校可以将学习内容划分为不同的阶段和难度级别。对学习能力较低或刚开始接触某一学科的学生，可以提供基础的学习材料和活动，以逐步建立起必要的基础知识和技能；对学习能力较强的学生，可以提供更深入或拓展的学习内容，以满足他们的学习需求和求知欲望。

3. 提供个性化支持和指导

学校应为每个学生提供个性化的支持和指导，包括一对一辅导、小组讨论、课后辅导等形式。教师可以根据学生的学习需求和进展情况，制订具体的学习计划和目标，并提供相应的教学资源和指导材料。这种个性化支持和指导能够帮助学生充分发挥自己的潜力，

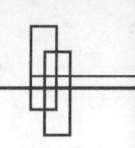

同时增强他们的自信心和学习动力。

4. 提供额外挑战和拓展

对那些进步较快的学生，学校应该提供额外的挑战和拓展任务，以满足他们的学习需求和求知欲望，包括独立研究项目、科学实验、竞赛参与等形式。这些额外的学习机会可以激发学生的学习兴趣，同时培养他们的创造力、问题解决能力和团队合作精神。

5. 定期评估和调整

个性化学习计划应该是一个动态的过程。学校应定期评估学生的学习进展并根据评估结果调整。通过定期评估，学校可以了解学生在个性化学习计划中的表现和成果，以及是否需要对计划进行调整或提供进一步的支持。这种评估可以包括课堂表现评价、作业和项目评估、学习反馈等。学校可以与学生及其家长沟通，共同讨论和评估学生的学习进展，并根据评估结果进行必要的调整和改进。

三、培养自我激励能力

自我激励是学生在面对挑战和困难时能够自我调动动力和坚持不懈的能力。学校可以通过培养学生的自我激励能力，帮助他们克服学习中的困难和挫折，坚持追求目标。这可以通过鼓励学生设定具体、可衡量的小目标，设立奖励机制实现。同时，学校还可以通过心理辅导和培训，教授学生有效的时间管理和学习的策略，以提高自我激励能力。

首先，鼓励学生设定具体、可衡量的小目标是培养自我激励能力的重要策略之一。学生常常会感到目标遥不可及或者缺乏清晰性，导致缺少动力。因此，学校可以引导学生将大目标分解为更小、更具体的目标，并引导他们制订切实可行的计划和行动步骤。这样，学生可以逐步实现每个小目标，从中获得成就感和动力，进而不断推动自己朝着大目标前进。

其次，学校可以设立奖励机制以激励学生。奖励可以是实质性的，如奖学金、奖品或特权，也可以是非实质性的，如表扬、认可或荣誉。这些奖励可以与学生的目标设定和努力程度相对应，以增强他们的自我激励动力。同时，学校还应当注重奖励规则的公正性和透明性，确保学生理解奖励的标准和获得途径，以避免不公平和偏见。

最后，学校可以通过心理辅导和培训，教授学生有效的时间管理和学习的策略，以提高自我激励能力。时间管理是自我激励的重要组成部分，学生需要学会合理安排时间、设定优先级和掌握有效的学习方法。学校可以组织时间管理的培训活动，向学生介绍不同的时间管理工具和技巧，帮助他们学会合理规划学习时间，高效利用时间资源。同时，学校还可以提供学习策略的培训，教授学生如何制订学习计划、阅读技巧、记忆和复习方法等，以提高他们的学习效果和成就感。

第四章 发展学生的情绪智力

第一节 情绪智力的重要性和作用

情绪智力是指个体对自身情绪和他人情绪的感知、理解、表达和调控的能力。它在个人发展和成功中扮演着重要的角色，影响着个体的情绪状态、人际关系、学业成就和职业发展。

一、情绪智力的自我认知和情绪调控

（一）情绪识别和理解

情绪识别是指个体能够准确感知和辨别自己和他人的情绪状态，涉及对情绪表情、语言、声音和身体语言等的敏感度和解读能力。通过情绪识别，个体能够更好地了解自己的情绪状态，并与他人产生情绪共鸣和沟通。具有较高情绪识别能力的个体能够准确识别自己的情绪，包括喜悦、愤怒、悲伤、焦虑等，从而提高自我认知和自我理解的能力。情绪识别也使个体能够更好地理解他人的情绪，包括家人、朋友、同事和客户等，从而增进人际交往和沟通。

自我认知是指个体对自身情绪和情感体验的认知和理解。通过情绪识别和自我觉察，个体能够更深入地了解自己的情绪模式、情绪触发因素以及情绪对行为和思维的影响。这种自我认知使个体能够更好地应对情绪波动，如情绪低落时采取积极的情绪调节策略，或在情绪高涨时控制情绪的强度和持续时间。通过更好地理解自己的情绪，个体能够更好地管理自己的情绪，避免情绪冲动和不良行为的产生。

具备良好情绪识别和自我认知能力的个体能够更加深入地了解自己的情绪需求和偏好，从而更有效地调节情绪。他们能够意识到情绪变化的原因和影响，并采取适当的行动调整自己的情绪状态。例如，当个体意识到自己处于紧张和压力的情绪状态时，他们可以采取放松和自我抚慰的策略，如深呼吸、冥想或参与愉快的活动，以恢复情绪平衡。

情绪智力的自我认知和情绪调控对个体的发展和成功具有深远影响。具备较高情绪智力的个体往往能够更好地应对挑战和压力，保持积极的心态和情绪状态，有助于个人成长和职业发展。他们能够在工作中更好地处理冲突和困难，提高工作效率和质量。此外，情绪智力还能够增强个体的领导能力和影响力，在组织中展现出更好的人际关系和团队管理

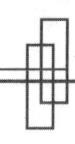

能力。

（二）情绪调节和表达

情绪智力使个体能够有效地管理和调节自己的情绪，以适应不同的情境和需求。情绪调节是指个体主动管理和调节自己的情绪以适应不同情境和需求的能力。情绪调节包括抑制、放松、转移和调整情绪的策略。具有较高情绪调节能力的个体能够灵活地应对不同情境下的情绪变化，以及在适当的时机表达情绪。他们能够在面对挑战和压力时保持冷静和集中，有效地处理问题和冲突。情绪调节还涉及情绪的积极转化，即将消极情绪转化为积极情绪或动力，以促进个人成长和发展。

1. 情绪调节对个体的影响

情绪调节对个体的心理和生理健康有着显著的影响。具备良好的情绪调节能力的个体更能够保持积极的情绪状态，更好地应对压力和挫折，减少焦虑和抑郁等心理问题的发生。研究表明，情绪调节能力较弱的个体更容易出现情绪失调和心理健康问题，而情绪调节能力较强的个体则更能够适应生活的变化和挑战。

情绪调节还会对个体的人际关系产生重要影响。个体的情绪表达方式直接影响他人对其的感知和互动方式。如果个体能够适当地表达自己的情绪需求，他人更容易理解和回应，从而建立更加良好的人际关系。此外，情绪调节还有助于个体处理冲突、解决问题和进行合作，提升团队合作能力和领导力。

2. 情绪调节的核心能力

情绪调节的核心能力包括情绪评估、情绪选择和情绪调整。

（1）情绪评估

个体需要客观评估自己的情绪，了解情绪的强度、持续时间和对自身的影响。这有助于个体更准确地判断情绪是否适应当前情境，并采取相应的调节策略。情绪评估还包括分析和了解情绪触发因素。个体需要能够识别出导致自己情绪波动的原因，如特定的事件、人际关系、工作压力等。通过评估和理解情绪触发因素，个体可以更好地应对和管理情绪，从而减少不必要的情绪波动和负面情绪的影响。

（2）情绪选择

个体需要在面对不同情境和需求时，有意识地选择合适的情绪以应对。这并不意味着个体要人为地隐藏或掩饰真实的情绪，而是通过情绪的调节和转变，使情绪更适应当前的环境和目标。例如，当面临挑战或压力时，个体可以选择激励自己的积极情绪以增加动力和应对能力。

（3）情绪调整

个体需要学会调整和管理情绪的强度和持续时间，以确保情绪在适当的范围内，不对个体的生活和工作产生负面影响。情绪调整包括通过积极思维、放松技巧、身体锻炼、社交支持等方式缓解负面情绪，同时增加积极情绪的体验和表达。

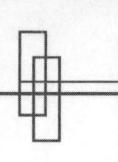

3.情绪调节与情绪表达的关系

情绪调节和情绪表达是紧密相关的。情绪调节是指个体对情绪的内在管理和调控，而情绪表达则是将内在的情绪通过适当的方式展现给他人。两者相互作用，共同影响个体的情绪体验和人际交往。

情绪调节能力的提升可以促进更有效的情绪表达。当个体能够准确识别和理解自己的情绪，以及采取适当的调节策略时，他们更能够在合适的情境下表达情绪，并通过言语、非言语和身体语言等方式将情绪传达给他人。情绪表达的准确性和适应性有助于建立良好的人际关系，增进互信和合作。

反过来，情绪表达也可以影响个体的情绪调节。当个体能够适当地表达自己的情绪需求和感受时，他们更容易得到他人的理解和支持。这种情绪表达的积极反馈可以促进个体认知和理解自己的情绪，进一步提升情绪调节。

情绪表达还有助于个体与他人建立情感连接和共情。通过适当的情绪表达，个体能够传达自己的情感状态和需求，引起他人的关注和共鸣。这种情感连接和共情有助于建立更加深入和有意义的人际关系，增强团队合作和协作能力。

情绪表达还在冲突解决和问题解决中发挥重要作用。个体能够有效表达自己的情绪需求和观点，促进沟通和理解，从而减少冲突的发生和升级。此外，通过适当的情绪表达，个体能够在团队中积极参与讨论和协商，促进合作和共同决策。

有效的情绪表达还有助于个体的自我实现和自我表达。当个体能够真实地表达自己的情感和需求时，他们能够更好地理解自己的内心世界，并寻找与之相符的行为和生活方式。情绪表达成为个体表达个性和独特性的一种方式，有助于个体的成长和自我认同。

总结而言，情绪调节和情绪表达相互依存，共同构成情绪智力的重要组成部分。情绪调节使个体能够有效地管理和调控情绪，以适应不同的情境和需求。而情绪表达则是个体将内在情绪通过适当的方式展现给他人，促进人际交流并建立良好的关系。情绪调节和表达的能力不仅对个体的心理健康和人际关系至关重要，还对团队合作、领导力和个体自我的实现产生积极影响。因此，发展和提升情绪调节和表达能力是个体在职业生涯和个人成长中的重要任务之一。

二、情绪智力与学业成就

情绪智力对学业成就的影响也是不可忽视的。学习过程中常常伴随各种情绪体验，如兴奋、焦虑、挫折等。具有较高情绪智力的个体能够更好地管理自己的情绪，应对学习中的挑战和压力。他们能够保持专注和积极的学习态度，有效地处理学业上的困难，并具备良好的学习动机和自我激励能力。情绪智力还能够提高个体的注意力和记忆力，有助于信息的加工和理解，从而提高学习效果和学术成绩。

首先，情绪智力对学生的情绪调节能力至关重要。在学习过程中，学生可能会面临各种情绪，包括焦虑、压力、挫折和兴奋等。具有较高情绪智力的学生能够有效地管理和调

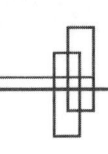

节自己的情绪，以应对这些情绪的影响。他们能够保持积极的情绪状态，更好地控制焦虑和压力，提高自己的学习效果。相反，情绪智力较低的学生可能更容易受到负面情绪的困扰，影响学习表现和学习动力。因此，情绪智力的提升可以帮助学生更好地管理情绪，保持良好的学习状态，从而提高学业成就。

其次，情绪智力与学习动机密切相关。学习动机是学生投入学习活动的内在驱动力，对学习的积极性和持久性产生重要影响。具有较高情绪智力的学生能够更好地认识和理解自己的情绪需求，并与学习目标相匹配。他们能够在学习过程中激发自己的内在动机，保持对学习的兴趣和热情。同时，也能够有效地应对学习中的挫折和困难，不轻易放弃，并通过积极的情绪调节保持学习动力。相比之下，情绪智力较低的学生可能更容易受到消极情绪的影响，对学习失去兴趣和动力。因此，情绪智力的发展可以帮助学生建立积极的学习动机，促进他们的学业成就。

三、情绪智力与职业成功

（一）情绪智力和职业发展

情绪智力对职业成功同样至关重要。在职场环境中，个体需要处理各种情绪和情感挑战，包括工作压力、人际关系问题、冲突和挫折等。具备较高情绪智力的个体能够有效地管理和调节自己的情绪，以更好地应对这些挑战，并保持积极的工作态度。

首先，情绪智力对情绪管理至关重要。在职场中，个体将面临各种情绪激发事件，如工作压力、挫折和冲突等。具有较高情绪智力的个体能够更好地管理和调节自己的情绪以应对这些挑战。他们能够识别和理解自己的情绪，并采取适当的策略调整情绪，如积极思维、放松技巧或寻求支持。相比之下，情绪智力较低的个体可能更容易被情绪困扰，导致情绪失控和负面影响。因此，情绪智力的提升有助于个体有效的管理情绪，保持积极的工作态度，并提升职业成功的可能性。

其次，情绪智力对决策能力的提升也具有重要意义。在职业生涯中，个体需要做出各种决策，有时会受到情绪的影响。具备较高情绪智力的个体能够在决策过程中有效地管理和调控情绪，以更好地决策。情绪智力高的个体能够识别并控制情绪对决策的影响，避免情绪偏见的干扰，并保持理性和客观的思考。他们能够在情绪稳定的状态下决策，考虑到不同的因素和可能的后果，并做出明智的选择。相比之下，情绪智力较低的个体可能受到情绪的干扰，做出冲动或情绪化的决策，影响职业成功的进程。因此，情绪智力的提升有助于个体在职业生涯中做出明智、有效的决策，为职业成功奠定基础。

最后，情绪智力还对个体的领导能力和管理能力有着重要影响。在职业生涯中，拥有较高情绪智力的个体能够更好地理解和管理团队成员的情绪，提供支持和激励，促进团队的协作和凝聚力。他们能够以积极的情绪态度影响他人，并在面对挑战和压力时展现出领导者的冷静和应对能力。情绪智力较低的个体可能在管理团队和处理人际关系时遇到困难，导致领导能力的不足和团队的不稳定。因此，情绪智力的发展对个体的领导潜力和管

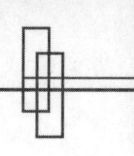

理能力的提升具有重要意义。

通过情绪管理和调控，个体能够有效应对职场中的情绪挑战，保持积极的工作态度。情绪智力的提升还有助于个体建立良好的人际关系，促进合作和协作，提高领导能力和管理能力。因此，个体应重视情绪智力的培养与发展，并将其应用于职业发展的各个方面，以实现更高的职业成功。

（二）情绪表达和人际关系

首先，情绪智力使个体能够准确地理解和解读他人的情绪。人们通过非语言的身体语言、面部表情、语调和言辞等方式表达自己的情绪状态和意图。具备较高情绪智力的个体能够敏锐地察觉这些细微的情绪信号，并正确地理解他人的情感需求和意图，从而更好地回应他人的情感，提供支持和关心，建立起良好的人际互动。

其次，情绪智力有助于个体适当地表达自己的情绪和情感需求。在职场中，个体面临各种情绪挑战和工作压力，如工作要求、团队合作、冲突解决等。具备较高情绪智力的个体能够有效地表达自己的情绪，包括正面情绪，如喜悦和兴奋，以及负面情绪，如沮丧和焦虑。他们能够适时地分享自己的情感体验，并以积极的方式表达需求和意见，而不会过分消极或冲动。这种情绪表达的能力有助于建立信任和共鸣，促进与他人的良好合作和沟通。

第二节　帮助学生认识和管理情绪

学校和教育机构在培养学生的情绪智力方面发挥着重要的作用，他们通过一系列的措施和教育策略帮助学生认识和管理情绪，从而提升其情绪智力水平。

一、情绪认知

学校可以通过情绪教育课程和活动帮助学生认识和理解不同情绪的特点、原因和表现形式。学生需要学会识别和区分各种情绪，包括喜悦、愤怒、悲伤、焦虑等，并了解每种情绪可能带来的影响和后果。这样的认知有助于学生更好地理解自己的情绪状态，增强自我意识和自我理解的能力。

（一）情绪识别

情绪识别是学生认知自己和他人情绪的能力。学校可以通过教育课程和活动，教授学生情绪的基本特征和表现形式。学生学会辨认面部表情、身体语言和语言表达中的情绪信号，以及通过声音和语调传递的情绪线索以识别自己和他人的情绪状态，并了解情绪与行为、思维和身体反应之间的关系。

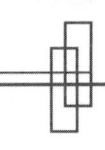

1. 面部表情识别

面部表情是情绪表达的重要途径之一。学生可以学习不同情绪的面部表情特征，如笑容的弧度、愤怒的眉毛皱起、悲伤的眼神等。他们参与情绪表情识别的练习，观察和解读不同面孔上的情绪信号，一般以图片、视频和角色扮演等方式进行。

2. 身体语言分析

身体语言是情绪表达的重要组成部分。学生可以学习不同情绪状态下的身体姿势、手势和动作。例如，愤怒可能伴随着紧握拳头和紧咬牙关，而喜悦可能伴随着放松的姿势和轻快的步伐。通过观察和分析他人的身体语言，学生可以推断出他人可能的情绪状态，并与之互动。

3. 语言表达分析

语言表达是情绪传递和沟通的重要方式。学生可以学习不同情绪状态下的语言用词、语速和语调。例如，愤怒时可能伴随着激烈的言辞和高声的语调，而悲伤时可能伴随低沉的声音和哭泣的语调。学生可以参与情绪语言表达的分析活动，通过聆听他人的语言，推断出他们的情绪状态。

4. 声音和语调分辨

声音和语调也是情绪表达的重要元素。学生可以学习不同情绪状态下的声音特点和语调变化。例如，愤怒可能伴随尖锐和强烈的声音，而悲伤可能伴随低沉和哀伤的语调。学生可以通过听取不同情绪的音频记录和模拟练习，提高对声音和语调的识别能力。

5. 情绪线索整合

情绪识别不仅包括识别单一情绪线索，还需要学生能够整合多种情绪线索，准确判断他人的情绪状态。学生需要注意不同情绪线索之间的一致性和矛盾性，以及关联性。他们需要学会综合分析面部表情、身体语言、语言表达和声音语调等情绪线索，形成对他人情绪的准确判断。这可以通过情景模拟和情绪识别训练加强。

（二）情绪理解

情绪理解涉及对情绪的原因、内在体验和影响的深入理解。学校可以引导学生探索情绪产生的原因和触发因素，以及情绪与个体的价值观、信念和期望之间的联系。通过情绪教育，学生可以学会分析和解读情绪，了解情绪对思维、判断和行为的影响。这有助于学生更好地理解自己和他人的情绪反应，提高情绪智力的水平。

1. 情绪的原因

学生需要学会分析情绪产生的原因和触发因素。情绪往往是由特定的事件、经历或思维触发的。通过情绪教育课程，学生可以学习识别不同事件和思维模式对情绪的影响，并探索情绪背后的根本原因。这有助于他们更好地理解自己和他人情绪的来源，从而更有效地管理和调控情绪。

2. 情绪的内在体验

学生还需要学会关注情绪的内在体验。情绪不仅是外在表现，还包含个体内部的感受

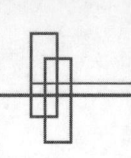

和体验。通过情绪教育，学生可以学习倾听自己内心的声音，关注情绪的身体感受和思维模式，如通过绘画、写作、冥想等方式表达和探索进一步理解情绪的本质和个体差异。

3. 情绪的影响

学生需要了解情绪对思维、判断和行为的影响。情绪可以影响个体的注意力、记忆、决策和解决问题的能力。通过情绪教育，学生可以学习分析情绪对自己和他人的影响，了解情绪与行为之间的相互作用。这有助于他们更好地管理情绪，避免情绪冲动和不理智的决策，提高个体的情绪智力水平。

4. 情绪与个体价值观和信念的关联

学生需要认识到情绪与个体的价值观、信念和期望之间的联系。个体的价值观和信念系统会对情绪产生影响，情绪也会影响个体的价值观和信念。通过情绪教育，学生可以探索自己的价值观和信念与情绪之间的关系，并反思这种关联对他们的情绪管理和行为选择的影响。

5. 情绪共情和他人情绪理解

情绪理解还包括对他人情绪的理解。情绪教育可以帮助学生培养情绪共情的能力，即能够理解和感受他人的情绪状态。通过情绪共情，学生能够更好地与他人建立连接和沟通，增进彼此之间的理解和信任。

（三）情绪反应

情绪反应是学生对情绪的主观体验和情绪表达的方式。学校可以提供情绪表达的机会和指导，鼓励学生以适当的方式表达自己的情绪和情感需求。通过角色扮演、绘画、写作和讨论等活动，学生可以探索不同的情绪表达方式，学会选择合适的表达方式传达自己的情绪，这有助于提高情绪表达的效果和适应不同情境的能力。

1. 自我觉察

学生需要培养对自身情绪的觉察能力，学会关注自己的情绪变化、情绪强度和情绪持续时间，并反思和分析自己的情绪体验。这种自我觉察有助于学生更好地理解自己的情绪状态，以及情绪与行为之间的关系。

2. 情绪表达

学生需要学习以适当的方式表达自己的情绪和情感需求。情绪教育可以提供多种情绪表达的技巧和策略，如口头表达、书面表达、非言语表达等。学生可以通过绘画、写作、角色扮演和小组讨论等活动，找到适合自己的表达情绪的方式，并学会在适当的情境中表达自己的情绪。

3. 情绪调节

学生需要学习调节自己的情绪，以适应不同的情境和需求，要了解不同情绪的影响和后果，并掌握一些情绪调节的技巧和策略，如深呼吸、积极思维、放松训练等。情绪教育可以通过实践和训练，帮助学生培养情绪调节的能力，使他们能够更好地控制情绪的强度和持续的时间。

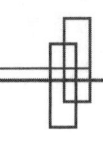

4.情绪管理

学生需要学会管理自己的情绪,以促进个人发展和良好的人际关系。情绪管理涉及自我激励、积极情绪引导和应对负面情绪的能力。学生可以学习设定目标、制订计划和采取行动以实现自己的情绪目标。此外,还可以学习积极思维和寻求社会支持的方式,以应对挑战和压力,保持积极的情绪状态。

通过培养学生的情绪反应能力,学校可以帮助学生更好地理解和管理自己的情绪。这不仅有助于学生个人的心理健康和幸福感,还可以对学生的社会适应和人际关系产生积极影响。

二、情绪调控

学校可以提供情绪调节的工具和技巧,帮助学生有效地管理和调节自己的情绪,包括教授学生放松技巧、冥想练习、情绪释放的方法等。学生需要学会自我控制情绪的强度和持续的时间,以及应对情绪波动的策略,还可以学习积极应对压力和挫折的方法,如寻求支持、制订解决问题的方案等。

(一)自我控制情绪强度和持续时间

学生需要学会自我控制情绪的强度和持续的时间,以避免情绪过度激动或持续时间过长。情绪教育可以教授学生一些有效的自我调节技巧,如深呼吸、冥想和身体放松练习等。这些技巧可以帮助学生在情绪激动时保持冷静,并将情绪转化为积极的行动力。

(二)应对情绪波动的策略

学生需要学会应对情绪波动和起伏。情绪教育可以教授学生一些有效的应对策略,如积极思维、问题解决和情感释放等。学生可以学习如何转变消极的情绪思维,寻找积极的解决方案,并通过体育锻炼、艺术创作等途径释放负面情绪。这些策略有助于学生更好地应对情绪波动,提高情绪的稳定性和适应性。

(三)应对压力和挫折

学生需要学会应对压力和挫折,以避免情绪负面影响的累积。情绪教育可以教授学生一些应对压力和挫折的方法,如寻求支持、制订解决问题的方案和调整目标的设定等。学生可以学习寻找社会支持网络,与他人分享自己的困扰和情绪需求,并获得支持和建议,还可以学会灵活调整目标和期望,以适应变化和挑战。

三、情绪支持和倾听

提供情绪支持和倾听是培养学生情绪智力的重要环节。学校可以建立支持性的环境和机制,为学生提供情绪方面的支持和倾听。

首先,学校可以通过设立专门的情绪支持机构或咨询服务,为学生提供情绪上的支持和指导。这些机构可以配备专业的心理健康专家或辅导员,他们具备丰富的经验和专业知识，能够与学生建立信任关系，并提供个别或集体的情绪支持和咨询服务。学生可以通过咨询师的指导，了解自己的情绪状况，探索情绪的根源，并学习有效的情绪管理技巧。

其次，学校可以培养教师和辅导员等教育工作者的情绪倾听能力。教育工作者在日常教学和辅导过程中，应注重倾听学生的情绪表达和需求，可以运用积极倾听的技巧，如主动倾听、非语言沟通和反馈等，帮助学生表达情绪、分享心情，并提供支持和安慰；还可以引导学生探索情绪背后的原因，与他们一起寻找适合的情绪管理策略。

最后，可以组织情绪支持的活动和课程，以促进学生之间的情绪支持和理解。例如，可以组织情绪分享小组，让学生有机会与同龄人分享情绪体验和情感困扰，互相支持和鼓励。同时，还可以开设情绪教育课程，教授学生关于情绪的知识和情绪管理的技巧，帮助他们培养情绪智力和应对压力的能力。

情绪支持和倾听的重要性在于给予学生情感上的支持和关怀，帮助他们理解和应对复杂的情绪体验。这种支持可以促进学生的情绪健康和心理成长，提升他们的自尊心和自信心，减轻情绪困扰和心理压力。同时，也有助于建立良好的人际关系，培养学生的同理心和人际交往技巧。

第三节　培养学生情感表达和情绪调节的能力

情感表达涉及学生如何有效地表达和交流内心的情感和情绪体验，而情绪调节则涉及学生如何调整和控制自己的情绪以适应不同的情境和需求。

一、情感表达

（一）情感表达技巧

学校可以教授学生有效的情感表达技巧，包括口头和非口头表达。口头表达技巧可以包括言语表达、语言风格和声音调节等。非口头表达技巧可以包括肢体语言、面部表情和姿势等。学生需要学会选择合适的表达方式，以便将自己的情感清晰地传达给他人。

1. 口头表达技巧

（1）言语表达

学生可以学习使用适当的词汇和语言表达自己的情感，学会选择恰当的词语和句子结构，以准确地描述自己的情感体验。例如，使用形容词、副词和比喻等修饰词语，可以增强语言的表达力和情感色彩。

（2）语言风格

学生可以探索和发展适合自己的语言风格，以更好地传达情感。不同的语言风格，如直接、温和、幽默、诗意等，可以在不同情境中产生不同的情感效果。学校可以提供练习

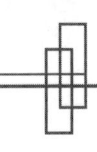

和模仿语言风格的机会，帮助学生发展多样化的语言表达方式。

（3）声音调节

学生需要学会利用声音的音量、节奏、语调和语气等要素表达情感。通过调节声音的强度和音调，学生可以传达不同情感的强度和表达方式，通过练习模仿不同情感状态的声音表达，以增强声音的表达力和情感传递能力。

2. 非口头表达技巧

（1）肢体语言

学生可以学习利用身体姿势、手势和动作等肢体语言表达情感。例如，挺直身体可以表达自信和坚定，紧握拳头可以表达愤怒或紧张，轻柔触摸可以传递温暖和关爱的情感。通过意识和训练，学生可以掌握适当的肢体语言支持和补充口头表达。

（2）面部表情

面部表情是情感表达中最直接、最显著的方式之一。学生可以学习识别、控制和表达不同的面部表情，如微笑、眉毛的抬高、眼睛的眨动等。面部表情可以传达情感的强度、类型和意图，对与他人建立情感连接和共鸣非常重要。

3. 选择合适的表达方式

学生需要学会根据不同情境和目标选择合适的表达方式。不同的情感可能需要不同的表达方式得到有效传达。学校可以提供情景模拟和角色扮演的机会，让学生实践在不同情境下适应性地表达情感。通过练习和反馈，学生可以逐渐提高选择和运用合适表达方式的能力。

4. 练习和模仿

学校可以提供情感表达的练习和模仿机会，让学生通过观察和模仿他人的情感表达，以增强自己的表达能力。这可以包括观看情感表达丰富的电影、戏剧、演讲，参与角色扮演活动，与专业指导人士开展模仿训练。练习和模仿的过程可以帮助学生学习和掌握不同情感的表达方式，并培养他们的情感表达技巧。

5. 情感表达的自我反思

学校可以鼓励学生开展情感表达的自我反思和评估。学生可以通过回顾自己的情感表达经历，分析表达方式的有效性和改进空间。自我反思可以帮助学生了解自己的情感表达偏好、强项和薄弱点，并通过积极的反馈和指导逐渐改进和发展自己的情感表达技巧。

通过提供有效的情感表达技巧的教育和实践机会，学校可以帮助学生建立自信，准确地表达自己的情感，并与他人建立更加深入的情感联系。这将对学生的个人发展、社交能力和情感智力产生积极的影响。

（二）创造性媒介的运用

学校可以鼓励学生使用创造性媒介表达情感，如绘画、写作、音乐和舞蹈等艺术形式。这些媒介可以帮助学生更深入地探索和表达内心的情感体验，同时也提供了一种安全和私密的方式表达情感。

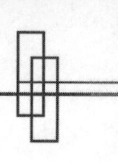

1. 绘画

绘画是一种非常直观和个人化的情感表达方式。通过绘画等艺术创作，学生可以将内心的情感和情绪转化为形象和符号，以视觉的方式表达出来。绘画可以帮助学生通过颜色、线条和形状等元素表达情感的强度、复杂性和独特性。这种创造性的过程可以帮助学生深入思考和理解自己的情感体验，同时也提供了一种自我探索和情感释放的途径。

2. 写作

写作是另一种强大的情感表达工具。通过写作，学生可以借助文字表达情感、情绪和思想，如写日记、诗歌、故事，用文字勾勒出内心的世界和情感的变化。写作可以帮助学生整理思绪、深入思考自己的情感，并传达给读者。同时，文学作品也可以为学生提供情感共鸣和启发，帮助他们更好地理解和表达自己的情感。

3. 音乐和舞蹈

音乐和舞蹈是一种表达情感和调节情绪的强大媒介。音乐可以通过节奏、旋律和声音色彩唤起情感，而舞蹈则通过身体的动作和姿态表达情感。学生可以通过学习乐器、参与合唱团、学习舞蹈技巧，将自己的情感转化为音乐和舞蹈的语言。音乐和舞蹈的创作和演绎过程可以帮助学生沉浸在情感的世界中，表达内心的情感和情绪，再通过身体的动作和声音传达给他人。

（三）情感分享和交流

学校可以组织情感分享小组和团体讨论活动，鼓励学生分享自己的情感体验并倾听他人的故事。通过与他人交流，学生可以获得情感支持和共鸣，学会如何有效地表达和接纳他人的情感。

1. 创造支持性环境

学校应营造支持性的环境，让学生感到安全和被接纳。学生需要知道他们可以自由表达情感，且不会受到批评或嘲笑。支持性环境可以通过鼓励积极互动、倡导尊重他人观点和情感的文化实现。这样的环境可以激发学生的勇气和愿望，积极参与情感分享和交流活动。

2. 情感分享小组和团体讨论

学校可以组织情感分享小组和团体讨论活动，为学生提供一个共同的平台分享他们的情感体验，可以以主题或特定话题为基础，如挫折与成功、友谊与亲情、压力与应对等。在小组中，学生可以交流彼此的情感经历、困惑和挑战，并从中获得情感支持和启示。这样的交流和分享可以帮助学生更好地理解和认识自己的情感，并学会以积极的方式表达和处理情感。

3. 倾听和共鸣

情感分享和交流的关键是倾听和共鸣。学生不仅需要学会表达自己的情感，还需要学会倾听他人的情感，并能够理解和共鸣他人的感受。通过聆听他人的故事和体验，学生可以从中获得新的视角和理解，提升自己对情感的认知和表达能力。同时，学生也能够为他

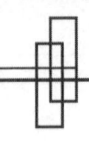

人提供情感支持和关怀，培养同理心和人际关系技巧。

4. 情感接纳和尊重

情感分享和交流的目的之一是培养学生对他人情感的接纳和尊重。学生应该学会不仅接纳自己的情感，也要尊重和接纳他人的情感。这意味着学生需要展示开放的心态，避免评判或批评他人的情感体验。情感接纳和尊重能够建立信任和亲密关系，让学生感到被理解和支持，从而促进情感表达和情绪调节能力的发展。

二、情绪调节策略

学校可以教导学生一系列调节情绪的策略，以帮助他们管理和调整情绪。

（一）认知重构

学生可以学习认知重构技巧，即重新评估和调整自己对情境的认知和解释。通过更积极和灵活的思维方式看待问题，学生能够减少消极情绪的产生和持续，并培养更健康的情绪反应。

1. 认知重构的基本原理

认知重构基于认知行为疗法的理论基础，强调情绪和行为受认知（思维）的影响。它认为人们的情绪反应往往是由于对情境的认知评估和解释方式产生的。如果学生能够意识到自己的负向思维模式，并尝试改变这些思维模式，就可以调整情绪的产生和持续。

2. 识别负向思维模式

学生首先需要学会识别自己的负向思维模式，即那些负向、消极和扭曲的思维方式。这些思维模式可能包括过度一般化、以偏概全、个人化、情绪过滤等。通过自我观察和反思，学生可以逐渐意识到自己负向思维模式的存在。

3. 挑战和替代负向思维模式

一旦学生识别了负向思维模式，接下来是挑战和替代这些思维模式。学生可以问自己一些关键问题，如"这种思维模式是否客观和合理？""有没有其他解释或观点？""我有没有将注意力过度集中在负面方面？"等。通过这种方式，学生可以尝试从更客观和积极的角度看待情境，并寻找更合理和积极的解释。

4. 寻找证据支持新的思维模式

为了增强新的思维模式的可信度，学生可以寻找证据支持这些新的观点和解释。这些证据可以是过去的经历、他人的反馈、相关的研究或者是学生自身的积极体验。通过找到支持新思维模式的证据，学生可以增强对新思维的信心，并更有动力实践和应用这些新模式。

5. 实践和巩固

认知重构需要学生在实践中不断巩固和应用。学生可以继续练习认知重构技巧，以将其转化为一种习惯性的思维方式。

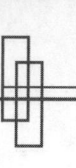

(1)记录和分析

学生可以记录下引发负向情绪的具体情境,同时记录下自己的思维模式和解释方式,再分析这些思维模式是否具有偏见、夸大或消极倾向,并尝试寻找替代性的积极思维模式。

(2)自我问询

学生可以在负向情绪出现时向自己提出一系列问题,以挑战负向思维模式。这些问题可以包括"我有没有将情况过于悲观地看待""是否有其他解释或观点可以解释这个情境""我是否过度关注了负面的细节"等。通过自我问询,学生可以激发思维的灵活性和多样性。

(3)寻找替代性观点

学生可以积极寻找替代性的观点和解释,以帮助自己更客观地看待情境。这可以通过与他人交流、阅读相关研究或寻求专业意见实现。通过了解不同的观点和解释,学生可以逐渐培养出灵活性和开放性的思维方式。

(4)积极自我对话

学生可以运用积极的自我对话支持认知重构。当负向情绪出现时,学生可以对自己说一些积极、励志的话语,以鼓励和支持自己。例如,"我能够处理这个挑战""我有足够的资源来应对困难""我可以从这个经历中学到很多"等。通过积极的自我对话,学生可以改变内部对情境的解释和评估,从而调整情绪反应。

(5)反馈和评估

学生可以定期回顾和评估自己的认知重构实践,注意自己的情绪反应是否有所改变,是否更能应对负向情绪,并注意是否出现了更积极和灵活的思维方式;也可以寻求他人的反馈,了解自己在认知重构方面的进展和成长。

(二)情绪释放和放松练习

学校可以教授学生一些情绪释放和放松练习,如深呼吸、渐进性肌肉松弛、冥想和瑜伽等。这些练习有助于平静思绪、降低身体紧张和焦虑,从而促进情绪的平衡和调节。

1.深呼吸

深呼吸是一种简单而有效的放松练习,可以帮助学生减轻身体紧张和焦虑。通过深吸气,让呼吸变得更深、更缓慢,并在呼气时慢慢放松身体。这种练习有助于调节自律神经系统,减轻身体的紧张感,促进身心的平静。

2.渐进性肌肉松弛

渐进性肌肉松弛练习可以帮助学生放松身体各个部位的肌肉,减轻身体的紧张和压力。学生可以逐一放松身体的不同部位,从头部开始,逐渐向下放松至脚部。这种练习需要学生有意识地关注和放松身体各个部位的感觉,以达到全身放松的效果。

3.冥想和正念练习

冥想和正念练习有助于学生培养对当下的注意力和觉知,并帮助接纳和观察自己的情绪和思维。学生可以通过专注于呼吸、身体感觉或特定的冥想指导，培养对内在体验的觉察和接纳。这种练习有助于学生更好地理解自己的情绪，并培养对情绪的平衡和调节能力。

4. 瑜伽和身体运动

瑜伽和身体运动可以帮助学生通过身体的运动和伸展释放紧张和压力。这些练习可以提升学生的身体意识和身心连接，促进身体和情绪的平衡。学生可以参加学校组织的瑜伽课程等身体运动活动，以获得情绪释放和身心放松的效果。

5. 艺术和创造性表达

艺术和创造性表达是一种情感释放和情绪调节的有效方式，学生可以通过绘画、写作、音乐、舞蹈等方式表达和释放情感。这些艺术形式提供了一种非语言的沟通方式，允许学生将内心的情感和体验转化为可视化、可听化、可感化。通过艺术和创造性表达，学生能够自由地表达情感，减轻内心的压力，寻找情绪的出口，并培养情绪调节的能力。

（三）情绪转移和转化

学生可以学习如何将负面情绪转移和转化为积极的行动力。通过培养兴趣爱好、参与体育活动、参与志愿服务等方式，学生可以将消极情绪转化为积极的动力，以实现自己的目标和追求个人成长。

1. 培养兴趣爱好

学生可以通过培养和追求自己的兴趣爱好，将负面情绪转移到积极的事物上。参与感兴趣的活动可以让学生全身心地投入，享受其中的乐趣，并从中获得成就感和满足感。兴趣爱好可以提供情感发泄和情绪释放的机会，同时也为学生提供了一种积极的情境，以转化负面情绪为积极的动力。

2. 参与体育活动

体育活动是一种有效的情绪转移和转化方式。通过参与运动，学生可以释放身体的紧张和压力，提升身体素质，改善心理状态。体育活动可以促进身体的内啡肽释放，这是一种天然的荷尔蒙，可以提升心情和情绪状态。此外，参与团队运动还可以培养学生的合作精神和团队意识，增强社交支持系统，进一步促进情绪转化和调节能力的发展。

3. 参与志愿服务

参与志愿服务活动可以让学生将注意力从自身问题转移到帮助他人上。通过为社区或弱势群体提供帮助和支持，学生可以感受到他人的需要和感激之情，从而培养同理心和善良的品质。志愿服务活动不仅有助于情绪转移，还能够提供一种有意义的社交环境，增强学生的自我认同感和社会责任感。

4. 积极倾诉和表达

学生可以通过积极倾诉和表达转移和转化负面情绪。这包括与信任的人分享内心的感受、写日记、创作音乐或艺术作品等。积极倾诉可以帮助学生释放情绪，减轻内心的负担，并获得他人的理解和支持。此外，写作和创作还能够帮助学生深入思考和探索自己的

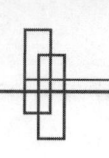

情绪继续积极倾诉和表达，学生可以通过与他人分享自己的故事、情感和经历转移和转化负面情绪，这可以通过参加讨论小组、支持团体或心理咨询等形式实现。通过与他人交流，学生能够获得情感上的支持和理解，同时也能够从他人的经历中获得启发和建议。倾诉和表达还有助于学生更清晰地认识自己的情感和需求，从而为自己制订积极的行动计划。

（四）寻求支持和建立社交关系

学生需要学会寻求他人的支持和建立积极的社交关系，以获得情绪上的支持和理解，可以与家人、朋友、教师或心理健康专业人士交流，分享自己的情感和情绪体验，并寻求建议和支持。

1. 与家人和亲密朋友交流

家庭和亲密朋友是学生最亲近和信任的人。学生应该积极与他们交流，分享自己的情感和情绪体验。与家人和亲密朋友的交流可以提供情感上的支持和理解，他们可以给予学生鼓励、安慰和建议。此外，还可以增进彼此之间的理解和联系，进一步增强情感表达和情绪调节的能力。

2. 寻求教师和学校资源的支持

学校是学生日常生活的重要环境，学生可以寻求教师和学校资源的支持。学校通常配备了心理健康服务团队，学生可以咨询心理健康专业人士，获得专业的情绪支持和指导。此外，还可以与教师建立积极的关系，向他们寻求情感和学业方面的支持，教师可以提供鼓励、指导和理解，帮助学生应对情绪困扰和压力。

3. 参与学校社交活动和团体

学生可以积极参与学校社交活动和团体，与同学们建立积极的社交关系。参与学校组织的俱乐部、社团、志愿者团体等活动，可以提供一个共同兴趣和目标的社交环境。在这些团体中，学生可以结识志同道合的朋友，分享彼此的情感体验，并获得彼此的支持和理解。通过与同学们的互动和交流，可以拓宽社交圈子，增强情感表达和情绪调节的能力。

4. 寻求心理健康专业人士的支持

有时，学生可能面临更复杂和严重的情绪问题，需要专业的心理健康支持。学生可以寻求心理健康专业人士的帮助，寻求心理健康专业人士的支持，学生可以获得更专业的情绪支持和指导。心理健康专业人士可以通过个别咨询或治疗的形式，与学生进行深入的情绪探索和调节；也可以提供专业的心理评估，帮助学生了解自己的情绪状况和问题的根源。通过与心理健康专业人士的交流，学生可以学习有效地调节情绪的策略，并获得更具体和个性化的支持。

（五）情绪监测和反馈

通过学会自我观察和自我评估，学生可以更好地了解自己的情绪状态和变化，并能采取适当的调节措施。

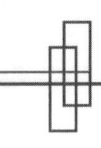

1. 情绪监测的重要性

情绪监测是指学生观察和记录自己的情绪状态的过程，有助于学生增强对自身情绪的认识，提高情绪识别的准确性和敏感性。情绪监测的重要性体现在三个方面。

（1）自我认知和情绪理解

情绪监测帮助学生更好地认识自己的情绪体验和情绪反应。通过观察和记录自己的情绪，学生能够更准确地了解自己的情感模式、情绪触发因素以及不同情绪对行为和思维的影响。

（2）情绪调节和自我管理

了解自己的情绪状态有助于学生更有效地调节和管理情绪。通过情绪监测，学生可以更早地察觉到负面情绪的出现，并采取相应的调节策略，以减轻消极情绪的影响，培养和维持积极情绪。

（3）情绪与行为关联

情绪监测还有助于学生认识到情绪与行为之间的关联性。学生可以观察和记录自己在不同情绪状态下的行为反应，并通过分析这种关联更好地理解情绪对行为的影响，且选择更健康和积极的应对方式。

2. 情绪监测的实践方法

为了帮助学生监测和反馈情绪，学校可以采取四种实践方法。

（1）情绪日记和日程安排

学生可以记录每天的情绪和情感体验，包括情绪的类型、强度和触发因素；还可以通过日程安排记录和观察情绪变化与不同活动之间的关系。这种记录有助于学生更好地了解自己的情绪模式和情绪变化趋势。

（2）反思和讨论

学生可以定期反思和讨论情绪，与教师或心理健康专业人士一起探讨情绪体验和情绪调节的策略。教师可以引导学生回顾最近的情绪体验，并帮助他们分析情绪的触发因素、情绪表达方式以及对情绪的应对效果。通过讨论和反思，学生能够增进对自己情绪的理解，并获得他人的观点和建议。

（3）情绪监测应用程序

学校可以推荐一些情绪监测的应用程序，帮助学生记录和分析自己的情绪状态。这些应用程序通常提供情绪日记、情绪跟踪和分析工具，以及针对不同情绪的调节建议。学生可以使用这些应用程序自我观察和记录情绪，并根据应用程序提供的反馈和建议开展情绪调节的实践。

（4）情绪监测的工具和量表

学校可以引入一些情绪监测的工具和量表，帮助学生评估自己的情绪状态和情绪调节的效果。例如，情绪量表可以让学生在不同时间点上给自己的情绪评分，以了解情绪的波动和变化。这些工具和量表可以作为学生与教师或心理健康专业人士讨论的参考，促进情

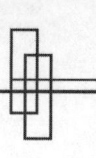

绪的深入理解和有效调节。

3.情绪反馈的重要性

情绪反馈是指学生从他人或环境中获得关于自己情绪的信息和反馈，它有助于学生更全面地认识自己的情绪表达方式、情绪对他人的影响以及情绪调节的效果。情绪反馈的重要性体现在四个方面。

（1）增强情绪认知

他人的反馈可以帮助学生更客观地认识自己的情绪表达方式和情绪影响。学生可以从他人的观察和反馈中获得新的视角和认知，进一步了解自己的情绪体验。

（2）提供社交支持

情绪反馈可以为学生提供社交支持和情感共鸣。他人的理解和支持可以让学生感到被关注和支持，减轻情绪上的负担，并增强情绪调节的信心和动力。

（3）促进情绪调节和发展

他人的反馈可以帮助学生识别和了解情绪调节的效果。当学生尝试使用某种情绪调节策略时，他人的反馈可以提供关于该策略是否有效的信息。积极的反馈可以鼓励学生继续使用有效的情绪调节方法，而负面的反馈可以促使他们重新评估和调整自己的策略。

（4）促进情绪智力的发展

情绪反馈有助于学生发展情绪智力，即对自己和他人情绪的理解、表达和调节能力。通过接受他人的情绪反馈，学生可以学习如何更好地理解他人的情绪，并学会适当地回应和支持他人的情绪。

4.情绪反馈的实践方法

为了帮助学生获取情绪反馈，学校可以采取六个实践方法。

（1）个体和小组讨论

学校可以组织个体或小组讨论，让学生分享自己的情绪体验，并接受他人的观察和反馈。这样的讨论可以提供一个安全和支持的环境，让学生感受到他人的理解和关注，并从他人的观点中获取新的见解和认知。

（2）同伴互助和合作

学校可以鼓励学生在同伴之间建立互助和合作的关系。学生可以互相提供情绪支持和反馈，分享彼此的情绪体验，共同探讨情绪调节的策略和技巧。这种同伴关系可以增强学生之间的情感联结，提供相互支持和理解。

（3）教师和辅导员的指导

教师和辅导员在学生情绪调节中扮演着重要的角色，他们可以提供情绪反馈和指导，帮助学生更好地了解和管理自己的情绪。教师和辅导员可以定期与学生组织个体或小组会谈，提供积极的反馈和建议，与学生一起制订情绪调节的计划和目标。

（4）社交技能培训

学校可以开设社交技能培训课程，帮助学生发展良好的社交技能和人际关系。这些技

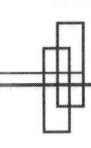

能包括倾听技巧、表达情感的方式、理解他人情绪的能力等。通过培养学生的社交技能，他们能够更好地与他人建立连接，有效地获取情绪反馈。

（5）情绪反馈的工具和活动

学校可以引入一些情绪反馈工具和活动，帮助学生主动寻求和接受情绪反馈。例如，学生可以使用情绪反馈卡片，在需要时向他人表达自己的情绪，并接受他人的反馈和支持。此外，学校还可以组织情绪反馈活动，如情绪画廊、情绪分享会等，让学生有机会展示自己的情绪表达，在观众的反馈中获得更多认可和理解。

（6）建立情绪支持网络

学校可以帮助学生建立支持网络，包括家人、朋友、教师和心理健康专业人士等。学生可以寻求他们的支持和反馈，分享自己的情绪体验，得到他们的理解和帮助。支持网络的建立可以为学生提供一个稳定的情绪支持系统，使他们在面对情绪挑战时感到更加安全。

第五章　促进学生的人际关系发展

第一节　培养积极的人际交往能力

积极的人际交往能力对学生的全面发展和成功至关重要。它涵盖了多个方面，包括建立良好关系、有效沟通、合作、尊重他人和解决冲突。

一、建立良好关系

建立良好的人际关系是积极人际交往的基础。

（一）培养友善和尊重

学校可以通过课堂教育和校园文化营造一个友善和尊重的环境。教师和教育工作者可以示范友善的行为，鼓励学生关心他人、尊重他人的观点和感受。

1. 建立文化价值观

学校应该明确传达友善和尊重的价值观，并将其纳入学校的教育目标和文化中。这意味着在校园中强调和倡导友好待人、尊重他人的行为，以及重视包容、多样性和平等。

2. 角色建模与引领

教师和教育工作者在这方面起着至关重要的作用，他们应该成为学生友善和尊重行为的榜样，并积极引导学生在日常生活中表现出友好和尊重的态度。教师可以利用教学时机，提供案例分析、角色扮演和模拟情境等活动，帮助学生认识到友善和尊重对人际交往的重要性。

3. 提供心理教育

学校可以开设心理教育课程，帮助学生了解和认识到友善和尊重的意义，提供解决人际关系问题的技巧和方法。这些课程可以包括情绪管理、冲突解决、社交技巧等内容，以提高学生的人际交往能力和情商。

4. 促进团队合作

团队合作是培养友善和尊重的关键环节。学校可以组织合作项目和活动，鼓励学生在小组中协作解决问题和完成任务。通过这些合作机会，学生将学会尊重他人的贡献、欣赏多样性，以及理解集体目标的重要性。

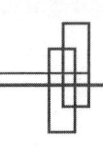

5. 互助和支持网络

学校可以建立互助和支持网络，让学生感受到彼此之间的关心和支持。例如，可以成立学生互助小组或导师制度，让学生能够相互倾诉、分享问题、寻求帮助。这样的支持网络将帮助学生感到被接纳被关心，从而促进友善和尊重的氛围。

（二）培养同理心

同理心是指能够理解和共情他人情感和需求的能力。通过培养同理心，学生能够更好地与他人建立连接、培养关爱和支持他人的能力，且在人际交往中展现出更高的情商和社交技巧。

1. 同理心的概念和意义

学校可以通过课堂教育和特定活动，向学生传达同理心的概念和重要性。教师可以讲解同理心的定义、作用和益处，引导学生思考如何在日常生活中表达同理心，以及如何通过同理心改善人际关系。

2. 角色扮演和情景模拟

通过角色扮演和情景模拟的活动，学生可以身临其境地感受他人的情感和需求。教师可以设计各种情景，让学生扮演不同角色，并通过这种互动体验培养他们的同理心。例如，学生可以扮演受欺凌者、孤独的同学、困难家庭的孩子等，从而深入理解这些人的处境和情感。

3. 案例讨论和文学作品阅读

通过案例讨论和文学作品阅读，学生可以接触到各种不同的情感和故事，从而培养对他人的理解和同情心。教师可以选择一些情境或文学作品，让学生一起分析和讨论其中的角色感受、行为动机和解决问题的方式。这样的讨论可以拓宽学生的视野，培养他们对多样性和复杂性的认识，并提升他们的同理心。

4. 社区服务和志愿活动

学校可以组织社区服务和志愿活动，让学生亲身参与并体验帮助他人的过程。通过与弱势群体的接触和交流，学生可以更深入地了解他人的需求和挑战，从而培养同理心。这种亲身体验可以激发学生的同情心，并激发他们积极关注社会问题和参与公益事业的意愿。

5. 培养情绪认知和管理能力

同理心与情感认知和情绪管理密切相关。学校可以通过情绪教育和心理辅导等方式，帮助学生培养情绪认知和管理能力，从而增强他们的同理心。

（三）提供合作学习机会

学校可以组织小组项目和合作活动，鼓励学生在小组中合作解决问题、分享知识和经验。这样的合作学习机会可以帮助学生建立密切的联系，培养团队合作和协作的技能。

1. 小组项目

学校可以组织小组项目，要求学生在小组中合作完成任务或解决问题。这种小组项目

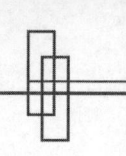

可以是课堂任务、科学实验、研究项目等，涵盖不同学科和领域。通过小组合作，学生们将共同制订计划、分配任务、协调合作，共同完成项目。这样的合作学习机会能够促进学生之间的互动和交流，培养他们的合作意识和团队合作能力。

2. 合作探究活动

学校可以组织合作探究活动，鼓励学生在小组中共同探索问题、研究主题或开展实践。这种活动可以包括实地考察、调查研究、问题解决等，要求学生共同制订研究方向、收集信息、分析数据，并最终形成研究成果或解决方案。通过这样的活动，学生将学会相互协作、倾听和尊重他人的意见，并发展批判性思维和问题解决能力。

3. 跨年级合作

学校可以鼓励跨年级的合作学习，将不同年级的学生组合在一起开展合作项目或活动。这样的跨年级合作可以促进学生之间的交流和合作，拓宽他们的人际网络，并提供不同年级学生之间互相学习和启发的机会。此外，跨年级合作还可以培养学生的领导能力和团队管理技巧，因为他们需要学会协调不同年级的学生之间的合作和沟通。

通过这些合作学习机会以及反馈与评价的实施，学校可以帮助学生培养团队合作和协作的技能，同时提高他们的人际交往能力。学生们将学会倾听他人的意见、尊重他人的贡献，并在合作过程中发展批判性思维、问题解决能力和领导能力。这样的经验将有助于他们在日后的学习和职业生涯中建立积极和富有成效的人际关系。

二、有效沟通

有效沟通是积极人际交往的关键。

（一）发展倾听技巧

学生需要学会倾听他人的观点和感受，表达出真正的关心和理解。学校可以通过模拟对话、角色扮演和实际案例等方式，培养学生的倾听技巧，如主动倾听、提问和确认理解。

1. 模拟对话

学校可以组织模拟对话的活动，让学生在安全和支持性的环境中练习倾听技巧。通过角色扮演，学生们可以扮演不同的角色，在对话中互相倾听、回应和理解对方的观点。这样的练习可以帮助学生培养专注、接纳和尊重他人观点的能力。

2. 角色扮演

通过角色扮演的活动，学生们可以模拟真实的情境，学习如何在对话中展示倾听技巧。教师可以提供案例或情境，让学生们扮演不同的角色，模拟对话。在这个过程中，学生需要学会倾听对方的需求和意见，通过合适的回应表达出理解和关心。

3. 实际案例

学校可以引入真实的案例，让学生们分析和讨论其中的沟通问题和解决方案。通过研究案例，学生们可以了解到倾听在解决问题和改善关系中的重要性。教师可以引导学生们思考倾听的关键要素，如主动倾听、提问和确认理解，以及如何运用这些技巧改善沟通效果。

4. 反馈和指导

教师在学生实践聆听技巧的过程中，起着重要的指导和反馈作用。教师可以观察学生的倾听表现，并及时给予积极的反馈和建议。通过具体的例子和实际的反馈，学生可以更好地了解自己的倾听能力，不断改进、提升。

（二）提高表达能力

学校可以通过写作和演讲的机会，帮助学生清晰、明确地表达自己的观点和意见。教师可以提供反馈和指导，帮助学生改善他们的表达技巧。

1. 写作训练

学校可以设立写作课程或活动，为学生提供写作的机会。通过各种写作任务，如写作作文、辩论稿等，可以锻炼学生的思考能力和表达能力。教师可以指导学生组织思路、选择合适的词汇和句式，以及如何清晰地传达自己的观点。同时，还可以提供反馈和指导，帮助学生改善写作技巧。

2. 演讲和口头表达

学校可以组织演讲比赛、辩论赛或班级演讲活动，为学生提供展示口头表达能力的机会。通过演讲，学生可以锻炼自己的演讲技巧、语言表达和逻辑思维能力。教师可以提供指导，帮助学生选择合适的主题、组织演讲结构，并提供技巧，如声音控制、肢体语言和眼神交流等，以提高他们的演讲效果。

3. 主题讨论和辩论

学校可以组织主题讨论和辩论活动，让学生在小组或班级中开展观点交流和辩论。这些活动可以帮助学生锻炼思辨能力、逻辑推理和口头表达能力。通过与他人的互动和辩论，学生可以学会提出有力的论据、组织逻辑清晰的观点，并在辩论中有效地表达自己的立场。

（三）强调非暴力沟通

非暴力沟通是一种强调尊重、善意和合作的沟通方式，旨在减少冲突、促进理解和建立健康、积极的交流氛围。在培养学生的积极人际交往能力和有效沟通的过程中，学校可以教授他们非暴力沟通的原则和技巧，帮助他们在与他人交流时更加平和、理性。

1. 尊重他人的观点和感受

非暴力沟通强调对他人的尊重和接纳。学生需要学会倾听他人的观点和感受，并以开放的心态对待他人的意见。学校可以通过角色扮演、情景模拟和讨论等活动，让学生体验到倾听和尊重的重要性，培养关注他人需求和感受的能力。

2. 表达真实的关心和理解

非暴力沟通强调表达真诚的关心和理解。学生需要学会表达对他人的关心，并展示出对感受的理解。学校可以通过情感教育和情感智力培训，帮助学生发展共情能力和理解他

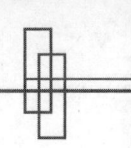

人的能力，从而更好地表达出真实的关心和理解。

3. 使用明确、积极的语言

非暴力沟通鼓励使用明确、积极的语言传达自己的观点和需求。学生需要学会用清晰的语言表达自己的意图，并避免使用攻击性、责备性的言辞。学校可以通过写作训练、角色扮演和演讲活动，帮助学生练习使用积极、建设性的语言，从而提高表达能力和沟通效果。

4. 解决冲突与寻求共赢

非暴力沟通强调解决冲突并寻求共赢的方式。学生需要学会寻找互利的解决方案，而不是通过争吵和暴力解决问题。学校可以开展冲突解决训练和团队合作项目，让学生学会寻找共同的利益点，并运用协商、合作的技巧解决问题。

第二节 鼓励合作与协作精神

通过激励和肯定学生的努力和成就，学校可以促进学生的人际关系发展，鼓励他们培养合作与协作精神。这种积极的教育方法不仅能够提升学生的自尊和自信，还能够建立积极的学习环境和促进学生之间的互助合作。

一、建立积极的师生关系

积极心理学强调建立积极、支持性的师生关系。教师应该关注学生的个人成长和进步，并通过及的地肯定和鼓励以激励学生。教师可以给予学生正面的反馈和鼓励，赞赏他们的努力和取得的成就，从而增强学生的自尊和自信心。积极的师生关系有助于学生建立信任感，提高他们与教师和同学之间的人际互动和合作意愿。

（一）倾听与尊重

建立积极的师生关系的第一步是倾听与尊重。教师应该展现出真诚的兴趣和关心，认真倾听学生的意见、想法和感受。通过倾听，教师能够理解学生的需求和挑战，表达对学生的尊重和肯定。同时，教师应该尊重学生的个体差异，充分认可每个学生的独特之处，不给予歧视或偏见，为建立积极的师生关系奠定基础。

首先，倾听是一种关注和关心学生的表达方式。教师应该主动倾听学生的意见和声音，尊重他们的独特观点，而不仅仅是传递知识和指导。通过聆听，教师可以知道学生内心真实的想法和感受，了解他们的需求和期望。这样的倾听态度能够让学生感到被重视被认可，从而激发他们积极参与课堂活动、表达意见和与他人交流的愿望。

其次，倾听有助于建立师生之间的互信和亲近感。当学生感受到教师真诚倾听和关注自己时，他们会更加愿意与教师建立信任关系，敞开心扉。这种信任关系为学生在学习过

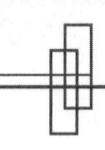

程中充分发挥自己的潜力提供了基础。同时,倾听也有助于建立积极的亲师关系,教师与学生之间的互动更加融洽,学生更愿意向教师寻求帮助,也愿意分享困扰,从而为他们的人际关系发展奠定基础。

倾听与尊重不仅是表面的听觉行为,更涉及教师的情感智力和沟通技巧。教师应该掌握倾听的技巧,如积极倾听、非语言倾听和确认倾听等。积极倾听意味着教师要给予学生充分的关注和注意力,表现出对学生观点的兴趣,并通过肢体语言、眼神接触等方式传达出尊重和理解。非语言倾听包括使用肢体语言和面部表情展示关注和理解,如微笑、点头、眼神交流等。确认倾听则是在学生表达完毕后,用自己的话确认对学生的理解,以确保自己能正确理解学生的意思。这样的倾听技巧能够让学生感受到被尊重和被理解的重要性,从而增强他们的自尊心和自信心。

最后,倾听与尊重还需要建立在包容和接纳的基础上。教师应该接受学生的多样性和个体差异,尊重每个学生的独特之处。这包括接纳学生的不同观点、背景、兴趣和能力,并在课堂中为他们提供平等的参与和表达的机会。通过积极营造包容的学习环境,教师能够增强学生的自尊心和归属感,激发他们参与合作和协作的意愿。

在建立积极的师生关系中,教师的态度和言行至关重要。教师应该以身作则,展示积极的态度和行为,树立良好的榜样,应该以善意和尊重的心态与学生互动,在日常教学中给予学生积极的反馈和肯定。这样的积极反馈可以是口头表扬、鼓励的话语,也可以是对学生的书面评价。通过积极的反馈和肯定,教师能够激励学生,增强他们的自信心和动力,进而促进他们在人际关系中的积极参与和合作。

(二)提供正面反馈与鼓励

教师的正面反馈与鼓励对学生的发展和自信心至关重要。通过及时认可学生的努力和取得的成就,教师能够激励学生继续努力、挑战自我,并建立起积极的学习动力。正面反馈可以是口头的赞扬、鼓励的话语,也可以是书面的奖状、表扬信等形式。教师还可以提供具体的建设性反馈,帮助学生认识到自己的成长空间,从而激发学生的发展潜力。

首先,正面反馈与鼓励能够增强学生的自尊心和自信心。当教师及时认可学生的努力和取得的成就时,学生感受到了自己的价值和能力被肯定,从而增强了自尊心。这种积极的心态使学生更愿意与他人建立联系,主动参与合作与协作,因为他们相信自己的贡献是有价值的。

其次,正面反馈与鼓励可以激发学生的学习动力和积极参与。当学生得到教师的赞扬和鼓励时,他们会感到被重视被认可,进而更加积极地投入学习和人际交往中。他们会感受到自己的努力是有回报的,从而激发起对学习的兴趣和动力,促使他们更加主动地参与课堂讨论、小组合作和其他团体活动。

最后,正面反馈与鼓励还可以帮助学生建立积极的情绪和情感状态。当学生受到正面的评价和鼓励时,他们会感受到积极的情绪,如喜悦、满足和自豪。这种积极情绪有助于学生建立良好的人际关系,因为他们在积极的情绪状态下更容易与他人建立互信和合作的关系。

（三）创建支持性学习环境

支持性学习环境是建立积极师生关系的重要保障。教师可以创造一个鼓励学生互相支持和帮助的学习氛围。这可以通过鼓励学生分享想法和经验、互相合作解决问题、参与小组讨论和团队项目等方式实现。在这样的环境中，教师充当着引导者的角色，指导学生如何与他人协作、相互尊重和倾听他人的观点。这样的学习环境能够培养学生的合作与协作精神，并加强师生之间的互动和合作。

1. 鼓励学生分享想法和经验

教师可以设立时间和场地，鼓励学生分享自己的想法、经验和观点。这可以通过小组讨论、班级会议或学术展示等形式实现。在这样的环境中，学生可以互相倾听和理解彼此的观点，从而建立起相互尊重和关注的基础。

2. 促进互相合作解决问题

教师可以设计任务和项目，要求学生以小组形式合作解决问题。通过合作，学生可以共同思考和探索解决方案，相互支持和协作，培养团队合作的技能和精神。在这个过程中，教师可以担任指导者和激励者的角色，引导学生学会倾听、尊重他人的观点，并协调小组成员之间的合作关系。

3. 参与小组讨论和团队项目

教师可以组织小组讨论和团队项目，使学生有机会共同参与和合作。在小组讨论中，学生可以分享自己的见解、提出问题和寻求解决方案。而团队项目则需要学生共同分工合作，协调资源和努力达成共同目标。通过这样的活动，学生能够建立起紧密的联系和互相支持的关系。

通过创建支持性学习环境，学生可以在一个相互尊重、支持和合作的氛围中学习和成长。在这样的环境中，他们能够建立起密切的人际关系，培养合作与协作的精神，并与他人共同努力达成目标。

（四）建立信任与亲近感

信任是建立积极师生关系的基石，而亲近感则是在信任的基础上进一步加强师生之间的情感联系和亲密度。

1. 提供支持和关怀

教师可以表达对学生的支持和关怀，关注他们的个人需求和发展；也可以主动倾听学生的问题和困惑，给予恰当的帮助和指导。同时，教师应该尊重学生的个人空间和隐私，以建立起一种互相尊重的关系。

2. 建立良好的沟通渠道

教师应该与学生保持良好的沟通，并为学生提供多种沟通方式，可以定期与学生一对一谈话，了解学生的学习和个人情况。此外，教师还可以利用现代科技手段，如电子邮件、在线聊天和社交媒体等，与学生保持联系，提供及时的反馈和支持。

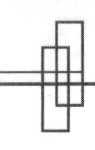

3. 建立共同目标和期望

教师和学生可以共同制订学习目标和期望，以增强彼此之间的合作和亲近感。通过共同的目标，教师和学生可以携手努力，相互支持和帮助，共同取得进步和成就。教师可以与学生一起制订学习计划，激发学生的主动性和参与度，以提升学习效果。

4. 提供个性化的学习支持

教师可以根据学生的不同需求和兴趣，提供个性化的学习支持。他们可以了解学生的学习风格和喜好，针对性地设计教学活动和评估方式。通过关注学生的个体差异，教师能够更好地满足学生的学习需求，增强学生对教师的信任和亲近感。

5. 建立互动和参与的学习环境

教师可以创造互动和参与的学习环境，让学生感受到被尊重被重视；也可以鼓励学生积极参与课堂讨论和活动，提供机会让学生分享自己的观点和经验。通过互动和参与，学生能够感受到自己的声音被听到被重视，从而加强与教师之间的信任和亲近感。

通过建立信任与亲近感的措施，教师可以为学生营造一个温暖、支持和鼓励的学习环境，促进积极的师生关系的形成。

二、培养组织与参与意识

积极心理学鼓励学生培养组织与参与意识，主动参与学校和班级的活动。学校可以组织学生参与学生会、社团、志愿服务等活动，提供展示组织才能和参与的机会。同时，教师可以通过角色扮演、项目管理等活动，培养学生的组织技能和团队合作能力，并在他们取得成果时给予积极的肯定和鼓励。

（一）学生会和社团参与

学生会和社团是培养学生组织与参与意识的重要平台。学校可以鼓励学生参与学生会和各种社团，如体育、艺术、科技等领域的社团。这些组织为学生提供了展示组织才能、协调团队和参与组织管理的机会。通过参与学生会和社团，学生可以学习与他人合作、解决问题、制订计划和管理资源等重要的领导技能。

1. 提供展示组织才能的平台

学生会和社团为学生提供了展示组织才能的宝贵机会。学生可以担任学生会的职位，如主席、副主席、秘书等，或者在社团中担任干事、负责人等角色。这些职位要求学生具备领导能力和组织能力，通过实践和经验，学生可以培养自己的综合能力。

2. 协调团队与组织管理

学生会和社团活动需要学生协调团队合作和组织管理。学生在活动中需要与团队成员合作，分工协作，解决问题和制订计划。通过这样的实践，学生可以学习到团队协作的重要性，培养合作精神和组织能力。

3. 学习与他人合作

学生会和社团活动提供了与他人合作的机会。学生需要与不同背景和兴趣的同学合

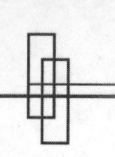

作，共同完成活动和项目。通过与他人合作，学生可以学习到倾听他人的意见、尊重他人的观点和协商解决问题的重要性。这样的合作经验不仅促进了学生与他人的人际关系发展，还提升了学生的领导与参与意识。

4.解决问题和管理资源

在学生会和社团活动中，学生需要解决各种问题和管理资源。他们可能面临预算管理、场地安排、活动组织等挑战。通过解决这些问题，学生可以锻炼自己的决策能力、创新思维和解决问题能力。这样的经历不仅提升学生的领导与参与意识，也为他们今后的职业发展提供了宝贵的经验。

（二）志愿服务和公益活动

学校可以组织学生参与各种志愿服务项目，如社区清洁、慈善募捐、义务教育等。通过参与志愿服务，学生可以培养自我奉献精神、关爱他人的意识以及团队协作能力。这些活动可以让学生体验到参与社会的重要性，激发他们的社会责任感和领导潜力。

1.培养自我奉献的精神和关爱他人的意识

参与志愿服务和公益活动使学生有机会为他人无私付出。这种奉献精神的培养可以激发学生关爱他人的意识和同理心。通过亲身参与服务活动，学生可以目睹和体验到自己的行动对他人的帮助和影响，从而培养出一种关心他人、乐于助人的精神。这种奉献精神和关爱他人的意识是培养领导与参与意识的基础，使学生能够以身作则，引领他人参与社会公益活动。

2.培养团队协作和合作精神

志愿服务和公益活动通常需要学生与其他志愿者、组织成员以及受助人合作。学生需要共同制订计划、分配任务、协调合作，以保证活动的顺利开展。这样的团队协作和合作过程培养了学生的沟通能力、协调能力和解决问题的能力。学生从中学会尊重他人的意见和建议，学会倾听和合作，形成团队协作的意识和精神。这种合作精神是培养领导与参与意识的关键，使学生能够在团队中发挥领导作用，促进团队的发展和成长。

3.培养社会责任感和公民意识

志愿服务和公益活动使学生直接面对社会问题和需求，引导他们思考社会的不公平和困境。通过参与这些活动，学生能够深入了解社会问题的根源，从而培养出社会责任感和公民意识。学生开始认识到自己作为社会成员的责任和义务，意识到通过个人行动可以为社会带来积极的改变。这种社会责任感和公民意识的培养是培养领导与参与意识的重要基石，使学生能够以更广阔的视野看待问题，并积极参与社会事务和公共事务。

（三）角色扮演和项目管理

教师可以通过角色扮演和项目管理等活动培养学生的组织与参与意识。通过这样的活动，学生能够体验到角色的责任和挑战，同时提高团队合作和沟通能力。

1.角色扮演

角色扮演是一种模拟性质的活动，通过让学生扮演特定角色，如团队领导者、项目经

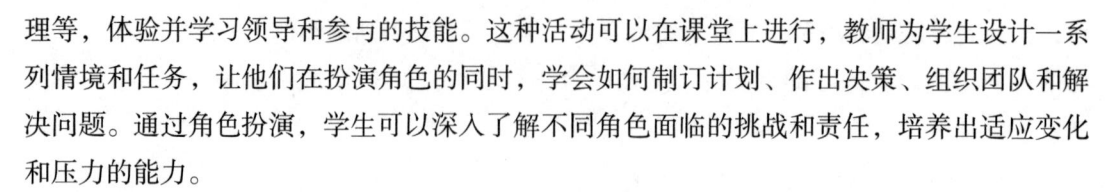

理等，体验并学习领导和参与的技能。这种活动可以在课堂上进行，教师为学生设计一系列情境和任务，让他们在扮演角色的同时，学会如何制订计划、作出决策、组织团队和解决问题。通过角色扮演，学生可以深入了解不同角色面临的挑战和责任，培养出适应变化和压力的能力。

2.项目管理

项目管理是一种系统化的方法，用于规划、组织、执行和控制特定项目的过程。教师可以引导学生参与小规模的项目，如学校的活动或社区的服务项目。学生可以分组合作，负责不同的任务和角色，如项目经理、团队成员、沟通协调等。通过项目管理的实践，学生能够学习项目规划、任务分配、资源管理、风险评估等技能，并培养团队协作和合作的精神。同时，教师可以提供指导和反馈，帮助学生不断完善项目管理的能力和领导素质。

这些活动的目的是让学生亲身参与和体验，通过实践和反思来学习和成长。角色扮演和项目管理强调学生在实际情境中运用所学知识和技能，培养自信心、解决问题能力、沟通技巧和团队协作精神。

（四）提供积极的肯定和鼓励

教师在学生取得领导和参与方面的成就时应给予积极的肯定和鼓励。教师可以表扬学生在团队活动中展现的领导才能和参与精神，鼓励他们继续发挥自己的优势。学生会感受到认可和鼓励，会更有动力继续发展和展示领导与参与能力。

1.肯定成就和努力

教师应当注意观察和发现学生在领导与参与方面的优点、成就和努力。无论是在学生会和社团活动中展现的领导才能，还是在志愿服务和公益活动中表现出的积极参与意识，教师都应当及时给予肯定和鼓励。例如，可以通过口头表扬、奖励证书、班级公告等方式展示学生的优秀表现，让他们感受到自己的付出得到认可和赞赏。这样的肯定和鼓励可以激发学生继续努力，同时也促进了学生之间的友好竞争和合作精神的培养。

2.强调个人价值和贡献

教师可以通过提醒学生在团队合作和领导中所起的作用和贡献，强调他们个人的价值和重要性；也可以鼓励学生反思自己的贡献，思考自己在团队中发挥的作用以及对他人和整个团队的影响。通过这种方式，学生能够更深刻地认识到自己的价值和影响力，增强对自己能力和潜力的认知，进而更加积极地投身于领导和参与的活动中。

第三节 解决冲突与建立良好的人际关系

解决冲突与建立良好的人际关系是积极心理学在教育中应用的重要方面，对学生的发展和成长具有重要意义。

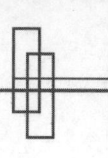

一、认识冲突与人际关系

在教育环境中，学生经常会面临各种人际关系问题和冲突。这些问题可能涉及友谊、合作、意见分歧等方面，对学生的心理健康和学习表现产生影响。因此，首先需要帮助学生认识到人际关系的重要性，并理解冲突在人际关系中的普遍存在。

（一）人际关系的意义

学校可以开展相关课程或活动，帮助学生认识到人际关系对个人成长和幸福的重要性。教师可以引导学生思考人际关系对自我认知、情感支持、社会支持和学习机会等方面的影响，使学生明白良好的人际关系对个人发展的积极作用。

1. 自我认知的影响

人际关系是学生了解自我和塑造自我认知的重要渠道。通过与他人的交流互动，学生可以了解自己的个性特点、兴趣爱好、价值观和能力，从而形成更全面、准确的自我认知。良好的人际关系可以帮助学生更好地认识自己，发展积极的自我形象。

2. 情感支持的作用

人际关系提供情感支持和安慰，对学生的心理健康和幸福感具有积极影响。在良好的人际关系中，学生可以得到他人的理解、关怀和支持，共同分享喜悦和困难。这种情感支持有助于减轻学生的压力和焦虑，增强他们的抗挫折能力。

3. 社会支持的重要性

人际关系提供社会支持，对学生的社会适应和社会融入至关重要。通过与他人的联系和互动，学生可以获取社会资源、获得帮助和指导，从而更好地适应社会环境。良好的人际关系有助于学生建立社会网络，扩大社会资源的获取范围。

4. 学习机会的提供

人际关系为学生提供了丰富的学习机会。通过与同学、老师和其他社会成员的交流与合作，学生可以分享知识、经验和观点，共同探索和解决问题。良好的人际关系促进了学习的互动和合作，激发了学生的学习动机和学习兴趣。

因此，学校通过教育课程和活动，引导学生认识到人际关系对个人成长和幸福的重要性，激励他们积极参与人际交往，建立良好的人际关系。这将对学生的整体发展产生积极的影响。

（二）冲突的本质

学校可以教育学生认识到冲突是人际关系中不可避免的一部分，并解释冲突的本质和原因。学生需要了解冲突可能源于不同的需求、价值观和利益，以及沟通和情绪管理不当。

1. 冲突在人际关系中的不可避免性

冲突是人际关系中常见的现象，学校应教育学生认识到冲突是不可避免的一部分，而不是回避或忽视它。

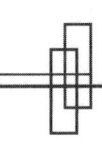

（1）冲突的普遍性

在人际关系中，个体之间的差异和利益冲突是导致冲突的主要原因。每个人都有不同的需求、价值观和期望，这使得冲突成为一种常见的现象。通过正视冲突的存在，学生可以更好地应对和解决冲突，而不是被冲突所困扰或被动地应对。

（2）冲突的多样性

冲突并非单一形式，它可以表现为观点和意见的不一致、情感上的冲突、利益的冲突等。学生需要了解不同类型的冲突，学会识别和处理不同形式的冲突。

（3）冲突的价值性

尽管冲突可能带来不适和挑战，但它也是促进学生个人成长和人际关系发展的机会。通过处理冲突，学生可以学会倾听他人、理解不同观点、寻求共同解决方案等重要技能。冲突可以激发学生的创造性思维和解决问题的能力，推动在人际关系中成长和发展。

2. 冲突的本质和原因

学校应教育学生认识冲突的本质和原因，从而帮助他们更好地理解和处理冲突的过程。

（1）需求和利益冲突

冲突往往源于个体之间的需求和利益之间的冲突。每个人都有不同的需求和利益，当这些需求和利益与他人发生冲突时，就会产生冲突。例如，一个学生可能希望在小组作业中发挥领导作用，而另一个学生可能更倾向于合作和平等分工，这就可能导致冲突的发生。

（2）价值观差异

冲突还可能源于个体之间的价值观差异。不同的人对道德、伦理、信仰和行为规范有不同的看法和信念。当个体的价值观存在冲突时，可能会引发争执和冲突。学生应学会尊重他人的价值观，并理解不同的观点和信仰可能存在的冲突。通过开放对话和互相尊重，可以促进对不同价值观的理解与包容，从而减少冲突的发生。

（3）沟通和情绪管理不当

冲突还可能由于沟通不畅或情绪管理不当而产生。学生需要了解冲突常常是由于沟通中的误解、表达不清或不当以及情绪的冲动导致的。培养良好的沟通技巧和情绪管理能力有助于预防和解决冲突。

（4）竞争与合作

在人际关系中，竞争和合作是冲突产生的两个关键因素。竞争意味着个体之间追求自己的利益和目标，而合作则强调共同利益和共同目标的实现。学生需要明确竞争和合作在人际关系中的作用，学会在竞争与合作之间寻找平衡，以减少冲突的发生。

二、解决冲突的积极心理学方法

解决冲突是促进良好人际关系的关键环节。积极心理学提供了一系列方法和策略，帮

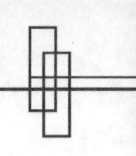

助学生学会解决冲突并建立良好的人际关系。

（一）倾听与理解

学校可以培养学生的倾听技巧，教授他们如何积极倾听他人的观点和感受。倾听是建立互信和理解的基础，通过倾听，学生可以更好地理解他人的立场和需求，为解决冲突创造条件。

1.倾听的重要性

倾听是积极心理学在解决冲突和建立良好人际关系中的关键要素。

（1）建立互信和尊重

倾听是建立互信和尊重的基础。当学生展示出对他人的兴趣和尊重，并真正倾听他人的话语时，他们传递出的信号是被认可被重视的。这种互信和尊重有助于改善人际关系，减少冲突的发生。

（2）促进共情和理解

倾听使学生能够更好地理解他人的观点和感受。通过积极倾听，学生可以更深入地感知他人的情绪和需要，从而培养共情能力。共情是建立良好人际关系和解决冲突的关键，它使学生能够更好地理解他人的立场，减少误解和偏见。

（3）提供情感支持

倾听不仅包括听取他人的言辞，还涉及对其情感的关注。通过倾听，学生可以为他人提供情感上的支持，让他们感受到被理解被支持。这种情感支持有助于缓解冲突和紧张情绪，促进人际关系的和谐与发展。

（4）建立积极的反馈回路

倾听是有效沟通的关键，它使学生能够更好地回应他人的需求和关切。通过倾听并提供积极的反馈，学生能够建立积极的反馈回路，促进对话和相互了解。这种积极的反馈回路为解决冲突提供了更好的基础，减少了误解和冲突的可能性。

2.培养倾听技巧

学校可以采用一些方法培养学生的倾听技巧，使他们成为积极倾听的实践者。

（1）培养专注力

专注是倾听的前提条件。学生应该学会集中注意力，避免分散注意力的因素干扰聆听过程。学校可以通过练习和训练，提高学生的专注力和集中注意力的能力。

（2）培养非评判性思维

学生需要学会以非评判性的态度倾听他人的观点和感受。他们应该摒弃先入为主的偏见和刻板印象，以开放的心态接纳他人的意见。学校可以引导学生反思自己的偏见和刻板印象，尊重多样性和多元观点。

（3）练习积极回应

积极回应是倾听的重要组成部分。学生应学会通过肢体语言、面部表情和鼓励性语言等方式回应他人，展示出自己真正的关注和理解。学校可以组织角色扮演或小组讨论等活

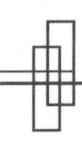

动，让学生实践积极回应的技巧。

（4）培养共情能力

共情是倾听的核心要素之一。学校可以通过情感教育和角色扮演等方式培养学生的共情能力。学生需要学会放下自己的观点和情感，站在他人的角度理解和感受。通过理解他人的情感和需求，学生可以更好地倾听并建立联接。

通过培养学生的聆听技巧，可以促进与他人之间的积极互动，建立良好的人际关系，并有效地解决冲突。倾听不仅是一种交流技巧，更是一种关注他人、尊重他人和与他人建立联系的重要方式。通过倾听，学生能够深化对他人的理解和感知，培养共情能力，从而推动人际关系的发展和冲突的解决。

（二）协商与妥协

学校可以教授学生协商和妥协的技巧，帮助他们寻求双赢的解决方案。学生可以学习如何提出合理的建议和折中方案，以满足各方的需求，达成共识并解决冲突。

1. 理解协商和妥协的概念

学生需要理解协商和妥协的含义及其在解决冲突中的作用。协商是指通过交流和讨论寻求共同的解决方案，而妥协是指在双方互让的基础上达成一致。学生需要认识到协商和妥协的价值，以及它们对维护人际关系和解决冲突的重要性。

2. 培养问题解决能力

协商和妥协需要学生具备问题解决的能力。学校可以提供问题解决的训练和实践机会，让学生学习如何分析问题、收集信息、提出解决方案，并评估各种选择的利弊。这些技能对协商和妥协过程中的决策和折中非常重要。

3. 发展沟通技巧

协商和妥协需要良好的沟通技巧。学生应该学习如何明确表达自己的观点和需求，同时倾听和理解他人的意见和感受。有效的沟通可以建立信任和理解，为协商和妥协创造良好的氛围。

4. 寻求共同利益

在协商和妥协过程中，学生需要学会寻求共同的利益，关注双方的需求和利益，探索双赢的解决方案。通过强调共同利益，学生可以减少对立和敌对情绪，增加合作和合意的可能性。

5. 创造折中方案

协商和妥协往往需要双方妥协和折中。学生应该学会提出合理的建议和折中方案，以满足各方的需求，学习权衡不同的选项，并灵活调整自己的期望和要求。

（三）积极沟通

学校可以培养学生积极主动的沟通能力，包括表达自己的观点和需求，以及积极寻求解决方案。积极的沟通有助于消除误解和疑虑，增加互相的理解和支持。

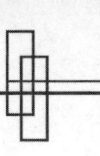

1. 积极沟通的重要性

积极沟通是促进学生人际关系发展和解决冲突的关键。学校应该重视培养学生积极主动地表达自己、倾听他人和寻求解决方案的沟通能力。

（1）增进理解和共享信息

积极沟通有助于消除误解、澄清疑虑，促进信息的共享。通过积极表达自己的观点和需求，学生能够更好地被他人理解，并与他人共享信息和想法。这有助于建立更深入的人际关系和合作。

（2）建立信任和支持

积极沟通有助于建立信任和支持的关系。当学生能够真诚地表达自己的想法和情感时，也就能够赢得他人的信任，并得到他人的支持。这种信任和支持为解决冲突和建立良好人际关系奠定了基础。

（3）促进合作和团队精神

积极沟通能够激发学生的合作意识和团队精神。通过积极地交流和协调意见，学生能够建立合作关系，并在团队中发挥作用。这种合作和团队精神有助于解决冲突、实现共同目标，并推动学生的整体发展。

（4）解决冲突和化解矛盾

积极沟通是解决冲突和化解矛盾的关键。通过积极地倾听和理解他人的观点和感受，学生能够更好地处理冲突，找到共同的解决方案。积极沟通还有助于减少敌对情绪和误解，建立良好的人际关系。

2. 培养积极沟通的技巧

学校可以通过一些方式培养学生的积极沟通技巧，帮助他们在人际关系中更好地表达自己、倾听他人和寻求解决方案。

（1）主动表达观点和需求

学生应该被鼓励主动表达自己的观点和需求，学会清晰明了地传达自己的想法，使用恰当的语言和非语言的表达方式，以便他人能够理解和接受。

（2）倾听和理解他人

积极沟通不仅涉及自我表达，也包括倾听和理解他人的观点和感受。学生应该学会积极倾听他人，展示关注和尊重，并通过提出问题和反馈进一步理解对方的意图和需求。

（3）非暴力沟通

学校可以教授学生非暴力沟通的原则和技巧。非暴力沟通是一种以尊重和共情为基础的沟通方式，强调表达情感和需求，并尊重他人的感受和权益。通过非暴力沟通，学生可以更有效地解决冲突，并建立良好的人际关系。

（4）多样性和文化敏感

在积极沟通中，学生应该意识到多样性和文化差异的存在，保持文化敏感性，学会尊重他人的价值观和观点，以避免偏见和歧视，促进多元和包容的人际关系。

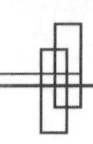

(四)合作与团队建设

学校可以通过团队项目和合作活动培养学生的合作与团队建设能力。在团队环境中，学生需要学会协调与合作，共同解决问题和实现共同目标，这有助于增强彼此之间的互信与理解。

1. 合作与团队建设的重要性

合作与团队建设是促进学生人际关系发展和解决冲突的重要方面。学校应该重视培养学生的合作与团队建设能力，使他们能够在集体环境中协调合作，共同解决问题以实现共同目标。

（1）协同努力与资源整合

合作与团队建设可以充分利用团队成员的个人才能和资源，实现优势互补和资源整合。学生在团队中可以共同努力、分享知识和技能，以达到比个人单打独斗更高效的结果。

（2）促进共同学习与成长

合作与团队建设鼓励学生之间的互相学习和成长。团队成员可以通过交流和合作分享经验和知识，不断提升自己的技能和能力。这种共同学习的氛围有助于培养学生的团队合作和协作精神。

（3）培养沟通与协调能力

合作与团队建设要求学生具备良好的沟通和协调能力。在团队中，学生需要学会有效地交流、倾听他人，并协调不同意见和观点，以达成共识和共同目标。这种沟通和协调能力对解决冲突和建立良好的人际关系至关重要。

（4）基于互信与尊重的关系

合作与团队建设建立在互信和尊重的基础上。通过合作，学生能够建立相互信任的关系，并尊重彼此的贡献和意见。这种基于互信与尊重的关系有助于促进良好的人际关系，减少冲突和提高团队效能。

2. 培养合作与团队建设的技能

学校可以通过一些方式培养学生的合作与团队建设能力，帮助他们在团队环境中协调合作、解决问题和实现共同目标。

（1）团队项目和合作活动

学校可以组织团队项目和合作活动，让学生亲身体验合作与团队建设的过程。在这些活动中，学生需要分工合作、协调沟通，共同解决问题。这有助于培养他们的合作能力和团队合作意识。

（2）角色分配与责任承担

学校可以通过设定角色和责任，引导学生在团队中扮演不同的角色并承担相应的责任。例如，有的学生担任团队领导者，负责协调和组织团队工作；有的学生担任沟通协调者，负责促进成员之间的交流和协作。通过明确角色和责任，学生可以建立合作与团队建

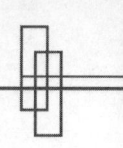

设所需的责任感和承诺。

（3）团队合作技巧培训

学校可以提供团队合作技巧的培训，帮助学生掌握有效的团队合作技巧，包括沟通技巧、冲突解决技巧、协商与妥协技巧等。通过培训，学生能够学会在团队中有效地表达意见、倾听他人、解决冲突，寻求共识和合作解决问题。

（4）团队反思与评估

学校可以鼓励学生开展团队反思和评估，以提升团队合作和团队建设的质量。学生可以共同回顾团队工作过程，总结成功经验，反思问题，并提出改进的建议。通过团队反思与评估，学生可以不断改进团队合作的方式，提高团队的整体绩效。

（5）鼓励多元思维与创新

学校应该鼓励学生展现多元思维和创新精神。多元思维意味着学生能够尊重和接纳不同的观点和想法，从中获取新的见解和解决问题的方法。鼓励学生发挥创新思维，可以促进团队的创造力和解决问题的能力。

三、促进良好人际关系的实践策略

除了解决冲突的方法外，还有一些实践策略可以帮助学生建立良好的人际关系。

（一）培养友善和尊重价值观

学校可以倡导友善和尊重的价值观，通过示范和教育引导学生在人际交往中表现出友善、体谅和尊重他人的态度。这种友善和尊重的氛围将有助于建立良好的人际关系。

1.模范示范和引导

教师和学校工作人员应该成为友善和尊重的榜样，他们与学生的互动中表现出友善和尊重，展示给学生良好的行为模范，并鼓励学生效仿这样的行为。

2.价值观教育和道德教育

学校可以通过价值观教育和道德教育课程，向学生灌输友善和尊重的价值观。这些课程可以涵盖社交技能、情感教育和道德伦理等方面的内容，引导学生形成友善和尊重他人的意识和价值观。

3.情绪管理和冲突解决技能培训

学校可以提供情绪管理和冲突解决技能的培训，帮助学生学会控制情绪、有效应对冲突，并以友善和尊重的方式解决问题。这样的培训可以包括情绪认知、情绪调节和解决冲突的技巧等方面。

4.倡导多元文化和包容性

学校应该倡导多元文化和包容性，鼓励学生尊重和欣赏不同文化背景、宗教信仰和个人差异。通过教育活动和跨文化交流，学生可以增加对多样性的理解和包容性，并将这种态度延伸到与他人的交往中。

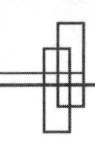

5. 合作学习和合作项目

学校可以通过合作学习和合作项目培养学生的友善和尊重意识。在这些活动中，学生需要相互合作、交流和互助，共同完成任务和解决问题。这种合作学习的环境有助于学生体验到友善和尊重的重要性，发展出合作和团队合作的能力。

6. 家校合作

学校和家长应该积极合作，共同培养学生的友善和尊重意识。家长可以在家庭中倡导友善和尊重的行为，并与学校密切合作，支持学校友善和尊重的教育措施。

通过以上实践策略的综合应用，学校可以营造一个友善和尊重的学习环境，培养学生的友善和尊重意识，并促进良好的人际关系的建立。这种友善和尊重的氛围将对学生的社交能力、情感发展和整体学习成就产生积极影响，为他们的综合发展奠定坚实基础。

（二）提供解决冲突的支持和指导

学校可以提供解决冲突的支持和指导，帮助学生处理人际冲突并建立和谐的关系，如开设为学生提供咨询服务、心理辅导或解决冲突的工作坊。通过提供专业的支持和指导，学校能够帮助学生掌握有效解决冲突的技巧和策略。

1. 提供解决冲突的咨询服务

学校可以设立专门的咨询服务，为学生提供解决冲突方面的支持和指导。咨询师可以与学生一开设对话，帮助他们探索冲突的原因、情绪反应和解决策略，并提供实际的建议和行动计划。

2. 开设解决冲突的工作坊

学校可以开设解决冲突的工作坊，为学生提供实际操作和实践的机会。这些工作坊可以帮助学生了解不同的冲突类型和解决方法，并提供实际的技巧和策略。

3. 教授解决冲突的技巧

学校可以将解决冲突技巧纳入课程中，教授学生如何有效地解决冲突。这可以通过社交技能课程、心理健康教育和人际关系教育实现。教师可以引导学生学习积极的沟通技巧、解决问题的方法，并通过案例分析和讨论加深学生对冲突解决的理解。

4. 鼓励合作与协商

学校可以设立合作学习的机会，鼓励学生在小组活动和项目中合作与协商。通过这样的活动，学生可以学习如何有效地与他人合作，理解他人的观点，并寻求共同的解决方案。

5. 建立冲突解决的支持网络

学校可以建立冲突解决的支持网络，包括教师、辅导员和同行之间的合作。教师和辅导员可以定期与学生互动，了解他们在人际关系中遇到的困难，并提供相应的支持和指导。此外，学校还可以成立冲突解决俱乐部或社团，为学生提供一个分享经验、互相支持和学习冲突解决技巧的平台。

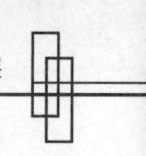

6.评估和反馈

学校可以定期评估解决冲突的效果,并向学生提供反馈。通过收集学生的意见和建议,学校可以不断改进和调整解决冲突的支持措施,以确保其有效性和适应性。

通过提供解决冲突的支持和指导,学校可以帮助学生发展解决问题和建立和谐人际关系的能力。这将为他们未来的学习、职业和生活,并为他们成为有意义、积极参与社会的成年人奠定坚实的基础。

第六章　培养学生的创造力和创新思维

第一节　创造力的重要性和培养方法

一、创造力的重要性

创造力是积极心理学在教育中的重要领域之一。创造力是指个体产生新想法、新观点、新解决方案的能力，它在学生的学业发展、创新能力和终身学习中具有重要的意义。

（一）促进知识的综合应用

创造力能够激发学生将所学知识和技能应用于实际问题的能力。通过发挥创造力，学生能够从多个角度思考和理解问题，并提出创新的解决方案。这有助于学生深入理解学科知识，并将其应用于现实生活中的各种情境。

1.多维度思考问题

创造力鼓励学生从多个角度思考问题。传统教育往往侧重于线性思维和标准答案，而创造力要求学生超越传统思维框架，从多个角度探索问题。通过创造性思维，学生能够深入挖掘问题的本质和复杂性，从而获得更全面、更深入的理解。

2.综合知识与技能

创造力要求学生综合运用不同领域的知识和技能。学科之间存在着内在的联系和交叉点，通过创造性思维，学生能够结合不同领域的知识，产生新的洞见和创新解决方案。这有助于学生在面对复杂问题时综合运用所学的知识和技能。

3.实践与应用能力

创造力要求学生能够将所学知识和技能应用于实际问题中。通过实践和应用，学生能够将抽象的理论知识转化为实际操作和解决方案。创造性思维能够激发学生主动探索和实践的动力，从而促进他们结合所学知识与实际情境，提高应用能力。

（二）培养批判性思维和解决问题能力

创造力要求学生思考并提出新的观点和解决方案，这需要他们具备批判性思维、推理能力和创新性的思考方式。通过培养创造力，学生能够更好地分析问题、提出新的观点，并解决复杂的现实问题。

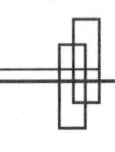

1. 创造力培养批判性思维能力

创造力的培养不仅是为了激发学生的创新思维，更重要的是培养他们的批判性思维能力。批判性思维是指评估、分析和推理信息和观点的能力。通过培养创造力，学生能够发展出批判性思维的技能和心态，从而更好地理解问题、评估证据，并提出合理的解决方案。

（1）提供开放性问题

培养批判性思维的一种方法是给学生提供开放性问题，鼓励他们自主思考和探索。这种问题不仅没有明确答案，还需要学生推理、评估和论证。通过解决开放性问题，学生能够培养分析和评估信息的能力，以及提出合理论证的能力。

（2）强调证据和逻辑

培养批判性思维需要学生学会根据证据评估观点和推理过程。教师可以引导学生提出问题、收集相关证据，并通过逻辑推理和分析评估其有效性。这种训练可以帮助学生辨别信息的可信度和逻辑的合理性，提高他们的批判性思维能力。

（3）推动多元视角

创造力要求学生从多个角度思考问题，这也促进了批判性思维的发展。教师可以引导学生探索问题的多种解释和观点，帮助他们理解不同的观点和立场。通过了解多元视角，学生能够更全面地评估问题，提出更全面、有深度的分析。

2. 创造力培养解决问题能力

创造力的培养也能够促进学生的解决问题能力。解决问题是指学生通过分析、判断和行动解决现实生活中遇到的问题的能力。创造力要求学生能够提出创新的解决方案，这需要他们具备批判性思维、创新性思考和实践能力。

创造力的培养强调学生能够提出新颖的解决方案，因而在培养问题解决能力时也需要鼓励学生的创新思维。教师可以鼓励学生提出不同寻常的解决方案，尝试新的方法和策略。同时，给予学生实践的机会，将解决方案付诸实践，体验解决问题的过程，从而提高他们的解决问题能力。

（三）促进个人成长和自我实现

创造力为学生提供了展示个性、表达创意和实现自我价值的机会。通过发展创造力，学生可以发现自己的独特才能和潜力，培养自信心和自主性。创造力使学生能够在学习和生活中找到乐趣和满足感，促进个人成长和自我实现。

1. 发现和发展个人才能

创造力为学生提供了展示个人才能和独特性的机会。每个学生都具有不同的兴趣、天赋和潜力，在创造性的过程中，他们可以发现自己的特长和擅长领域。通过发展创造力，学生可以探索自己的兴趣，并发挥自己的个性和独特性，进一步发展和实现个人才能。

2. 培养自信心和自主性

创造力的实践要求学生尝试新的思路和方法，将自己的创意和想法呈现给他人。在这

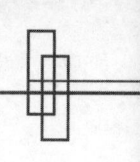

个过程中，学生需要克服挑战、接受他人的评价和批评，这有助于培养他们的自信心和自主性。通过创造力的实践，学生逐渐发展对自己能力的信心，并培养独立思考、主动学习和自主决策的能力。

3. 寻找乐趣和满足感

创造力的过程本身充满乐趣和满足感。通过创造性的思考和实践，学生可以体验到创造、表达和影响的力量，从而获得成就感和满足感。创造力激发学生对学习的热情和兴趣，使他们更加积极主动地参与学习和探索，从中获得乐趣和快乐。

（四）培养创新和适应未来的能力

创造力是创新和适应未来社会的重要能力。在不断变化的社会中，学生需要具备创新思维和适应性，应对新的挑战和问题。通过培养创造力，学生能够发展出灵活性、创新性和适应性，为未来的职业和生活做好准备。

1. 鼓励创新思维

创造力要求学生从不同的角度思考问题，并提出新颖的解决方案。在不断变化和不确定的社会中，创新思维成了应对挑战和解决问题的关键能力。通过培养创造力，学生能够发展出独立思考能力、冒险精神和创新意识，激发他们在面对新问题时提出独特和创造性的解决方案。

2. 培养灵活性和适应性

创造力要求学生能够灵活地应对不同的情境和变化。未来的社会将面临着快速变化和不断出现的新问题，学生需要具备适应变化的能力。通过培养创造力，学生可以习得灵活性、适应性和迎接挑战的勇气，从而能够快速适应变化，应对未知的情境和问题。

二、培养创造力的方法

为了培养学生的创造力，学校可以采取一些方法。

（一）提供创意启发和刺激

学校可以提供丰富多样的学习环境和资源，激发学生的创意和想象力。这可以通过举办创意比赛、展示创意作品、引入创意思维的课程和活动等方式实现。此外，学校还可以邀请专业人士或行业领先者与学生分享创造力经验和故事，激发学生的灵感和动力。

1. 创意比赛和展示

学校可以定期举办创意比赛，鼓励学生积极参与。比赛可以涵盖各种领域，如绘画、写作、科学实验等。通过比赛，学生可以展示自己的创造力，也可以在其他同学的作品中获得灵感和启发。此外，学校还可以定期举办创意展示，展示学生的创意作品，为他们提供展示和交流的平台。

2. 引入创意思维的课程和活动

学校可以设计创意思维的课程和活动，引导学生运用创意思维解决问题。这些课程和

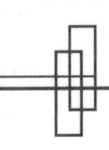

活动可以包括头脑风暴、设计挑战、角色扮演等。通过这些活动，学生可以发散思维，探索多种可能性，并锻炼提出创新解决方案的能力。

3.邀请专业人士和行业领先者分享经验

学校可以邀请专业人士和行业领先者与学生分享创造力经验和故事。这些人可以是艺术家、科学家、企业家等各个领域的代表，他们的经验和故事可以激发学生的灵感和动力，了解创造力的重要性以及如何在现实生活中应用创意思维。

（二）培养多元思维和视角

学校应鼓励学生从不同的角度思考问题，并接受不同的观点和意见。教师可以引导学生开展思维导图、角色扮演、辩论等活动，培养他们的多元思维和批判性思维能力。此外，学校还可以鼓励学生参与跨学科的学习和项目，促进不同学科之间的融合和创新。

1.引导学生运用思维导图

思维导图是一种可视化的工具，可以帮助学生将问题和概念以图形化的方式呈现。通过思维导图，学生可以从不同的角度思考问题，并联系各个概念和观点。教师可以引导学生使用思维导图开展头脑风暴，探索不同的思路和解决方案。

2.角色扮演和辩论活动

角色扮演和辩论活动可以让学生从不同的角度出发，理解和模拟不同的观点和立场。通过扮演不同的角色或参与辩论，学生可以更深入地理解各种观点的逻辑和论据，并培养批判性思维和辩证思维能力。这种活动激发学生思考问题的多元性，促进他们发展自己独立的观点和见解。

3.跨学科学习和项目

学校可以鼓励学生参与跨学科的学习和项目。跨学科学习可以帮助学生融合不同学科的知识和概念，从而提供更广阔的思考空间。学生可以从多个学科的角度分析问题，并提出综合性的解决方案。通过跨学科的学习和项目，学生能够培养综合思考的能力，将不同学科的知识和方法应用到实际问题中。

4.探索不同文化和观点

学校可以提供学生接触不同文化和观点的机会，以拓宽他们的思维和视角，如组织文化交流活动、邀请国际学生或外籍教师参与教学，以及引入多元文化的课程内容等。通过与不同文化的人交流和学习，学生可以更好地理解和尊重多元性，并从中汲取灵感和新的思维方式。

5.创设开放的讨论氛围

学校应该创设一种开放和尊重的讨论氛围，鼓励学生表达自己的观点并理解、接受他人的意见。教师可以引导学生深入讨论和辩论，提出不同的观点和见解。在这种开放的讨论氛围中，学生学会倾听他人的观点，从中获得新的思考方式和见解，进一步培养多元思维和视角。

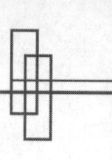

6. 教师的示范和引导

教师在课堂上起着重要的示范和引导作用。教师可以通过提出开放性的问题，引导学生思考和探索不同的视角。同时，教师还可以在教学中使用多样的教学方法和资源，让学生接触到不同的观点和思维方式。教师的示范和引导可以激发学生对多元思维和视角的兴趣，并帮助他们形成积极的学习态度和思维习惯。

（三）提供探索和实践的机会

学校可以提供学生探索和实践的机会，让他们能够自主地尝试新的想法和创意，如通过开展实验、研究项目、实地考察等方式实现。学校还可以提供创业教育和社会实践的机会，鼓励学生将创意转化为实际的行动和成果。

1. 实验和研究项目

学校可以组织实验和研究项目，让学生主动参与到科学实验、社会调查、数据分析中。这些项目可以涉及各个学科领域，让学生自主设计和执行实验，培养他们的观察、推理和问题解决能力。通过实践和探索，学生能够亲身体验科学的奥妙，培养创新思维和科学精神。

2. 实地考察和参观活动

学校可以组织实地考察和参观活动，让学生亲自走进实际的场景和环境。例如，参观工厂、博物馆、艺术展览、自然保护区等地，让学生通过观察和互动，深入了解不同领域的知识和实践。这样的实践经历可以激发学生的好奇心和想象力，培养他们的观察力、批判性思维和创造性表达能力。

3. 创业教育和社会实践

学校可以开设创业教育和社会实践课程，鼓励学生主动参与创业和社会服务活动。通过创业教育，学生可以学习市场调研、商业计划编制、团队合作等实际技能，培养创新意识和创业精神。而社会实践活动则让学生走出课堂，与社会接触，理解社会问题和需求，并提出解决方案。

4. 创意实践和艺术表现

学校可以设立创意实践和艺术表现的平台，鼓励学生展示自己的创意和才能。例如，举办创意展览、艺术表演、设计竞赛等，为学生提供展示和分享的机会。这样的实践活动不仅能够激发学生的创造力和表达能力，还能够培养他们的自信和自主性，让他们在创意实践和艺术表现中找到自己的价值和成就感。

通过提供实验和研究项目、实地考察和参观活动、创业教育和社会实践，以及创意实践和艺术表现的机会，学校可以培养学生的创造力和创新思维。这些实践活动不仅提高学生的实际参与和实践能力，还激发他们的好奇心、创新意识和解决问题的能力。通过亲身体验和实际操作，学生能够更好地理解和应用学科知识，提升对知识的综合运用能力。同时，实践活动也为学生提供了展示和分享的机会，增强他们的自信心和自主性，培养他们的领导力和团队合作能力。

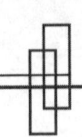

第二节　提供创新学习环境和创造性任务

一、创新学习环境的重要性

通过激发学生的好奇心和求知欲、培养学生的主动学习和自主探索能力、提供合作和交流的机会、促进学生的个性发展和自我实现，创新学习环境为学生提供了更具有激励和肯定的学习体验。

1. 激发学生的好奇心和求知欲

创新学习环境通过引入新颖的学习材料、刺激性的问题和挑战性的任务，激发学生的好奇心和求知欲，对学生产生积极的影响。

（1）学习动机的提升

创新学习环境通过引起学生的兴趣和好奇心，激发他们对学习的动机和兴趣，使学习变得更具有吸引力。

（2）深度学习的促进

学生在创新学习环境中面对挑战性的问题和任务时，需要深入思考和探索，促进了他们对知识的深度理解和运用。

（3）好奇心的培养

创新学习环境通过鼓励学生提出问题、追寻答案，培养了学生的好奇心和求知欲，使他们主动探索和发现知识。

2. 培养学生的主动学习和自主探索能力

创新学习环境注重学生的主动参与和自主学习，培养学生的主动学习和自主探索能力，对学生产生积极的影响。

（1）学习动力的提高

创新学习环境激发学生对学习的主动性，使他们更加积极主动地参与学习过程，提高了学习动力和自我驱动能力。

（2）自主学习能力的发展

创新学习环境鼓励学生根据自己的兴趣和需求自主学习和探索，培养了学生的自主学习能力，学会自我规划学习目标、制订学习计划并独立学习，提高了学习效果和自我管理能力。

（3）创造性思维的培养

创新学习环境鼓励学生尝试新的思维方式和解决问题的方法，培养了他们的创造性思

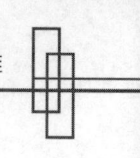

维能力。学生在自主探索中能够提出新的观点和创意，发展独立思考和创新能力。

3.提供合作和交流的机会

创新学习环境注重学生之间的合作和交流，为学生提供了合作学习的机会，对学生产生积极的影响。

（1）团队合作能力的培养

学生在创新学习环境中通过合作探究、讨论和互动，培养了团队合作能力，学会了倾听他人观点、协调合作关系，并共同解决问题，提高了团队协作和沟通技巧。

（2）多样化的观点和经验分享

创新学习环境促进学生之间的交流和分享。学生通过与同伴交流，分享自己的观点、经验和知识，从不同的视角获取信息和见解，拓宽了思维的范围，增加了对问题的理解和解决思路。

（3）相互支持与学习动力的增强

创新学习环境中的合作和交流可以建立起学生之间的支持系统，鼓励彼此学习和成长。学生能够互相激励、共同面对挑战，分享成功和成就，增强了学习动力和自信心。

4.促进学生的个性发展和自我实现

创新学习环境尊重学生的个性差异，提供了个性化的学习机会，对学生产生积极的影响。

（1）兴趣与潜能的发掘

创新学习环境允许学生根据自己的兴趣和特长选择学习内容和方式，发掘和发展个人潜能。学生能够深入研究自己感兴趣的领域，展示自己的才能和创造力。

（2）自我表达与自信心的建立

创新学习环境提供了学生自我表达的机会，鼓励他们展示自己的想法和观点，增强了自信心和自我认同。学生在创新学习环境中能够更好地理解自己的兴趣和价值观，形成积极的自我形象。

（3）个性化发展与成就感的提升

创新学习环境注重学生的个体差异，提供个性化的学习支持和评价机制，使学生能够根据自身的进展和成就感受到自我实现的满足。学生在个性化的学习环境中能够更好地发展自己的潜力，取得个人的进步和成就。

（4）自主决策与责任心的培养

创新学习环境给予学生更多的自主权和决策权，鼓励他们对学习和个人发展做出主动的选择和决策。这培养了学生的责任心和自我管理能力，使他们能够在学习和生活中承担更多的责任和决策。

通过创新学习环境的营造，学校能够激发学生的学习热情和动力，培养他们的创造力和解决问题的能力，使他们在学校和生活中取得积极的成就和发展。

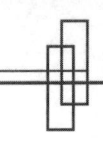

二、创造性任务的设计与实施

（一）创造性任务的定义和目标

创造性任务的目标是通过激发学生的创造力和创新意识，培养他们的批判性思维、问题解决能力和自主学习能力。

1. 定义

创造性任务是一种教育任务，旨在引导学生面对开放性、复杂性或未知性的问题或情境，通过独立思考、灵活运用知识和技能，产生新颖、有创意的解决方案、作品或观点。创造性任务强调学生的主动参与和自主思考，鼓励他们跳出传统思维框架，尝试新的思维方式和方法，创造出独特的成果。

2. 目标

创造性任务的设计和实施旨在实现五大目标。

（1）激发学生的创造力和创新思维

创造性任务通过提供挑战性的学习任务和问题，激发学生的创造力和创新思维。它鼓励学生独立思考、自主学习，培养他们面对问题时产生多样化的解决方案和观点的能力。

（2）培养批判性思维和问题解决能力

创造性任务要求学生分析和评估不同的观点、解决方案和方法，培养他们的批判性思维和问题解决能力。学生需要思考问题的多个维度，运用逻辑和推理能力，评估各种选择，并做出明智的决策。

（3）促进跨学科学习和综合能力发展

创造性任务常涉及跨学科的知识和技能，鼓励学生在解决问题的过程中运用多个学科领域的知识和方法。这有助于学生将不同学科的知识和技能整合运用，提升他们的综合素养和学科之间的关联性。

（4）培养合作和交流能力

创造性任务常倡导学生之间的合作和交流，鼓励他们共同探索、合作和分享创意和解决方案。通过创造性任务，学生有机会与同伴合作，分享彼此的创意和观点，互相借鉴和激发灵感。这样的合作和交流过程不仅培养了学生的团队合作能力和沟通技巧，还提升了批判性思维和创造性表达能力。

（5）促进个性发展和自我实现

创造性任务鼓励学生发掘和展示个人的独特才能和兴趣。通过自主选择任务、发挥创造力和表达自己的观点，学生能够体验到自我实现的喜悦和成就感。创造性任务提供了一个平台，让每个学生都有机会展示自己的独特思维和创造性，从而培养他们的自信心和个性发展。

总之，创造性任务的目标是通过激发学生的创造力、培养批判性思维、促进合作和交流、促进个性发展和自我实现等方面的影响，帮助学生发展综合能力、探索新领域、解决

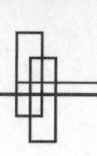

复杂问题，并为未来的学习、工作和生活做好准备。这样的任务设计和实施能够使学习变得更有趣、有意义，培养在面对未知和变化时的适应能力和创新精神。

（二）设计创造性任务的方法

1. 鼓励多元思维和多样化的解决方案

（1）提供多样化的问题和挑战

设计创造性任务时，应提供多样化的问题和挑战，涵盖不同领域和主题，这样可以激发学生的好奇心和求知欲，鼓励他们从不同的角度思考和解决问题。任务设计者可以引导学生尝试不同的思维方式和方法，培养他们的多元思维能力。

（2）鼓励独立思考和创新

创造性任务的目标是培养学生的独立思考和创新能力。为此，任务设计者应鼓励学生提出独特的解决方案和观点，破除传统思维模式，挑战常规思维。设计的任务可以包括开放性问题、情景模拟或实践项目，激发学生的创造力和创新思维。

2. 提供开放性和灵活性的任务要求

（1）设计模糊性和灵活性的任务

创造性任务应该具有一定的模糊性和灵活性，允许学生自主选择和调整任务的方向和方法。任务的要求可以是开放性的，给学生足够的探索和实验空间。任务设计者可以提供任务的基本框架和目标，但要留下足够的空间让学生发挥创造力和主动性。

（2）强调自主学习和自主探索

创造性任务应该鼓励学生自主学习和自主探索。任务设计者可以提供一些资源和指导，但鼓励学生积极主动地寻找和利用更多的资源，深入研究和探索问题，培养学生的主动学习能力和自主解决问题的能力。

3. 强调问题解决和创新的过程

创造性任务的设计应强调问题的本质和挑战，而不仅仅关注最终的结果。任务设计者可以引导学生深入分析问题，理解问题的复杂性和多样性，激发他们的思考和探索欲望。

4. 关注学生的兴趣和个性化需求

（1）提供选择和个性化的任务

学生的兴趣是激发他们主动学习和创造力的重要因素。任务设计者可以根据学生的兴趣和个性化需求，提供多个任务选项，让学生选择与自己感兴趣的主题或领域相关的任务，这样可以增加参与度和投入感，并激发积极性和创造力。

（2）个别化的指导和支持

每个学生的学习需求和能力不同，任务设计者应提供个别化的指导和支持。通过与学生的个别会谈、交流和观察，可以了解学生的学习风格、优势和困难，并为他们提供相应的指导和支持。个别化的指导有助于激发学生的潜能、培养他们的自信心，帮助他们克服学习障碍。

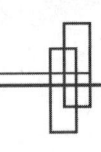

（3）赋予学生自主权和决策权

学生在任务设计和实施过程中应该被赋予一定的自主权和决策权。任务设计者可以与学生合作制定任务的目标和评价标准，鼓励学生参与到任务的设计和评价中，增加他们的责任感和自主性，激发他们的创造力和自主学习能力。

（4）多样化的展示方式和评价方法

创造性任务的展示方式和评价方法应多样化，以充分体现学生的个性化表达和发展。任务设计者可以鼓励学生通过口头陈述、展览、作品展示、报告等形式展示成果。评价方法可以包括评估学生的创造性思维、解决问题的能力、合作与创新的能力等方面。同时，还可以考虑引入自评、同伴评价、反思和记录等方法，让学生参与到评价过程中，从中获得反馈和启发，促进他们的成长和进步。

通过遵循这些原则和方法，教育工作者可以设计创造性任务，激发学生的创造力和创新能力，提升他们的学习动机和兴趣，培养他们的问题解决能力和创新思维，从而促进积极的学习体验和成就感，不仅有助于学生的个人发展，也对他们未来的学习和职业生涯具有重要意义。

第七章　培养学生的自我意识和自我认知

第一节　自我意识的培养与发展

自我意识是指个体对自己的认识和了解，包括对自己的思想、情感、行为和特点的认知。自我认知则是指个体对自己的思维和认知过程的觉察和理解。通过培养学生的自我意识和自我认知，可以帮助他们更好地了解自己、认识自己的需求和目标，并从中获得自信、自律和自主性。

一、自我意识的重要性

自我意识是指个体对自身的认知和了解程度，包括对自己的情感、特点、能力和价值的认识。在教育中，培养学生的自我意识对他们的发展和成长具有重要的意义。

（一）自我导向学习

自我意识使学生能够更好地了解自己的学习风格、学习偏好和学习需求。通过认识自己的学习方式和优势，学生可以有针对性地选择适合自己的学习策略和方法，提高学习效果和学习动力，能够更加自主地规划学习目标、制订学习计划，并在学习过程中开展自我评估和调整，实现自我导向学习。

（二）自信心和积极心态

自我意识有助于学生建立积极的自我形象和自我价值感。当学生对自己的能力和价值有清晰的认知时，他们更容易产生自信心和积极的心态。自信的学生更有勇气面对挑战和困难，他们相信自己有能力克服障碍并取得成功。自我意识还能够帮助学生树立正确的目标和期望，避免不必要的自我压力，保持良好的心理状态和学习动力。

（三）情绪管理和人际关系

自我意识使学生更加敏感，也更理解自己的情绪和情感反应，认识到自己的情绪状态、情感需求和应对方式，从而更好地管理情绪和情感。自我意识还有助于学生更好地理解他人的情绪和需求，增强他们的共情能力和人际交往技巧。通过自我意识的培养，学生能够建立积极健康的人际关系，增进互信和合作，促进个人和集体的发展。

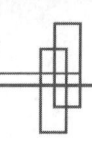

（四）自我决策和责任感

自我意识使学生更加自主和独立地做出决策，并承担相应的责任。通过了解自己的价值观、兴趣和目标，学生能够更加清晰地明确自己的价值取向和行为准则，从而做出符合自己内心需求和目标的决策。自我意识还能够培养学生的责任感和自律性，使他们能够自觉履行自己的义务和承担相应的责任。

（五）自我反思和成长

自我意识能够帮助学生自我反思和自我评价，从而实现个人的成长和进步。通过意识到自己的优势和不足，学生能够主动寻找改进的方向和机会，不断提升自己的能力和素质。自我反思还有助于学生从经验中吸取教训，增进对自己的认识和理解，从而更好地应对未来的挑战和机遇。

（六）自我实现和幸福感

自我意识对学生的自我实现和幸福感起着关键的作用。当学生清楚地认识到自己的个人特点、价值和目标时，他们能够追求与自己内心需求和价值观相符的生活和成就。通过实现自我目标和追求个人激情，学生能够体验到满足感和幸福感，获得更加有意义和有价值的人生。

总之，自我意识在教育中的重要性不可忽视，它对学生的学习动机、自信心、情绪管理、人际关系、职业发展、自我决策、自我反思、自我实现和幸福感都产生积极的影响。教育者应该致力于培养学生的自我意识，通过启发和引导，帮助学生认识自己、理解自己，并激发他们实现个人潜能和追求个人幸福的动力。

二、自我意识的培养和发展

自我意识的培养和发展是一个复杂而深入的过程，涉及个人认知、情感和社会交往的多个层面。

（一）提供反思和自我评价的机会

学生有机会就要反思自己的行为、思维和情感，以及对自己的评价。教育工作者可以引导学生反思，帮助他们认识自己的优点和不足，鼓励他们思考如何改进和成长。这可以通过要求学生写日记、完成反思作业、开展个人会谈等方式实现。通过这样的机会，学生可以更深入地认识自己，并从中获取成长和改进的机会。

1. 学生日记

要求学生定期写日记，记录他们的日常经历、思考和情感，在书写中表达自己的想法、观察和感受。通过反思和回顾日记，学生可以更加清楚地了解自己的情绪变化、行为模式以及思维方式，进而认识到自己的优点和改进空间。

2. 反思作业

在教学中设计一些反思作业，要求学生回顾和总结他们的学习经历和成果。例如，在

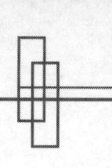

完成一个项目后,要求学生写一份反思报告,包括项目的目标、自己的角色和贡献、遇到的困难和解决的方法等。通过这样的作业,学生可以思考自己的学习过程、取得的成果以及自己的学习策略是否有效,从而提高自我认知和自我调节能力。

3. 个人会谈

与学生开展个体化的对话是提供反思和自我评价机会的有力方式之一。在个人会谈中,教育工作者可以与学生深入交流,了解他们的学习、成长和个人目标,同时提供针对性的建议和支持。通过这样的交流,学生可以得到外部的观察和反馈,从而更全面地认识自己的优点和成长点。

(二)促进体验和实践

通过参与各类活动和体验,学生可以更加全面地了解自己的兴趣、能力和价值观。教育工作者可以组织学生参与课外活动、社区服务项目、实践实习等,让他们亲身体验并反思这些经历对自己的影响,从而加深对自己的认识。

1. 组织课外活动

教育工作者可以组织学生参与各种课外活动,如参观博物馆、艺术展览、科学实验、户外探索等,不仅可以扩展学生的知识领域,还可以提供与现实世界互动的机会,激发他们的好奇心和学习兴趣。通过亲身体验和观察,学生能够更好地了解自己对不同领域的兴趣和喜好。

2. 推动社区服务项目

社区服务项目是学生参与实践的重要途径之一。教育工作者可以组织学生参与志愿者活动、社区项目或公益活动,让他们亲身体验并反思自己对社会的贡献和影响。通过为他人提供帮助和支持,学生可以认识到自己的价值和影响力,进而加深对自己的认识。

3. 实践实习

实践实习是将学生的学习与实际应用相结合的重要途径。教育工作者可以与企业、组织或社会合作,为学生提供实践实习的机会。通过实践实习,学生可以将课堂所学应用到实际工作环境中,了解自己在特定领域的能力和兴趣,并通过实践中的挑战和困难提升自己的自我认知。

4. 设计项目学习

项目学习是一种以问题为导向、学生参与度高的学习方式。教育工作者可以设计项目学习任务,让学生在团队合作中解决实际问题。通过这样的项目,学生可以亲身体验并应用所学知识和技能,同时也能发现自己在项目中的角色和能力,从而增强自我意识和自我认知。

5. 利用实践工具和技术

教育工作者可以利用各种实践工具和技术,如模拟实验、虚拟现实、在线模拟平台等,为学生提供虚拟的体验和实践机会。这些工具和技术可以模拟真实情境,让学生在安全的环境中实践和决策,从而培养他们的观察力、分断能力和解决问题的能力。通过使用实践工具和技术，学生可以更加深入地了解自己的兴趣和潜能，培养自我意识和自我认知。

（三）引导学生关注内心体验

自我意识还涉及对自己的情感和情绪的认知。教育工作者可以引导学生关注内心的情感体验，帮助他们学会识别、表达和管理自己的情绪，可以通过情感教育、冥想和放松练习等方式实现，帮助学生培养情感知觉和情绪调节能力。

1. 情感教育

情感教育是培养学生情感认知和情绪管理能力的重要途径。教育工作者可以引导学生学习不同情绪的特征和表现，并帮助他们理解情绪与行为之间的关系。通过情感教育，学生能够更加敏锐地察觉自己的情绪，学会用适当的方式表达和处理这些情绪，从而提升自我意识和情绪调节能力。

2. 冥想和正念练习

冥想和正念练习是培养内心体验关注和情感知觉的有效方法。教育工作者可以引导学生参与冥想和正念练习，通过专注呼吸、观察身体感受和注意内心体验的方式，帮助他们意识到自己的情绪状态和思维模式。这些练习有助于学生从外界的干扰中抽离，更好地关注内心体验，增强自我意识和情感知觉的能力。

3. 情感表达和分享

教育工作者可以为学生提供情感表达和分享的机会，让他们有机会表达自己的情感和情绪，可以通过小组讨论、情感分享会或艺术创作等方式实现。通过情感表达和分享，学生能够更加真实地表达自己的内心体验，同时也能够从他人的反馈和理解中获得支持和认同，促进自我意识的培养和发展。

第二节　帮助学生了解自己的价值观和兴趣

通过激励和肯定学生的努力和成就，教育工作者可以促进学生的自信和对自己的认同感，进而帮助他们更好地了解自己的价值观和兴趣。这样的了解可以为学生的创造力和创新思维的发展提供坚实的基础。

一、提供自我探索的机会

教育工作者可以通过引导学生运用个人反思、思维导图、创意写作、艺术创作或其他个人表达方式，帮助学生了解自己的内心世界、价值观和兴趣。这种自我探索可以帮助学生发现他们真正关心和热衷的领域，从而激发他们的创造力和创新思维。

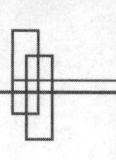

（一）个人反思

个人反思是帮助学生了解自己的重要工具。教育工作者可以引导学生开展个人反思，通过问题引导或写作方式，让学生思考和记录他们的个人经历、成就、挑战和困惑。通过反思，学生可以回顾自己的学习历程、成长经历以及面对的问题和挑战，进而深入了解自己的价值观和兴趣。例如，教育工作者可以询问学生他们在过去的学习或生活中遇到的挑战，以及解决这些挑战的思路和方法。通过个人反思，学生能够更好地认识自己，并从中汲取经验和教训，为创造力和创新思维的培养奠定基础。

（二）思维导图

思维导图是一种有助于组织思维和展现关联的工具。教育工作者可以引导学生使用思维导图探索和表达他们的想法、兴趣和关注点。

首先，思维导图可以帮助学生将自己感兴趣的领域或主题作为中心，再通过分支和关联的方式，将相关的想法、观点、信息和资源连接起来。通过思维导图的构建，学生可以清晰地展示出他们对特定领域的兴趣点和思考方式。例如，一个学生可能对环保感兴趣，通过思维导图，他可以将与环保相关的概念、问题、解决方案、资源和活动进行组织和连接，展示对环境保护的关注和探索。

其次，思维导图能够帮助学生发现不同领域之间的关联和交叉点。在思维导图的构建过程中，学生可以将不同领域的概念、观点和信息相互联系起来。这种跨领域的关联有助于学生培养综合性思维，促进创新和创造力的发展。例如，一个学生可能对音乐和科学都很感兴趣，通过思维导图，他可以将音乐和科学领域中的相关概念、原理和应用关联起来，发现二者之间的契合点，并尝试创造出结合音乐和科学的创新作品。这样的思维导图能够激发学生的创造力，帮助他们在不同领域之间寻找新的创新和可能性。

最后，思维导图还可以促进学生的整体性思维和系统性思考。通过思维导图的构建，学生可以分解、分类和组织复杂的概念和信息，形成一个整体性的思维框架。这种整体性思维能够帮助学生更好地把握问题的全貌，发现问题中的关键要素和联系，从而产生更创新的解决方案。例如，学生可以使用思维导图探索一个复杂的社会问题，如贫困。以贫困作为思维导图的中心主题，再将与贫困相关的因素、影响、解决方案等分支和关联起来。在这个过程中，学生可以思考贫困的根本原因、影响贫困的各种因素（如教育、就业、社会不平等），以及可能的解决方案（如教育改革、就业机会增加、社会福利政策等）。通过思维导图的构建，学生可以更好地理解贫困问题的复杂性，同时培养系统性思考和创新思维。

在构思思维导图的过程中，教育工作者可以通过提出关键问题、激发学生的思考和讨论，进一步引导学生深入思考和探索。例如，教育工作者可以问学生对贫困问题的看法，是否有过相关的个人经历或观察，以及他们认为解决贫困问题的关键因素是什么。这些问题可以帮助学生更加深入地思考和表达自己的观点，进一步加深对自身价值观和兴趣的认识。

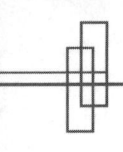

总的来说，思维导图是帮助学生了解自己的价值观和兴趣的一种有效工具。通过思维导图的构建，学生可以清晰地展示自己对特定领域的兴趣和思考，发现不同领域之间的关联和交叉点，培养整体性思维和系统性思考，同时也可以作为展示和交流的方式，促进学生的表达能力和批判性思维。教育工作者可以在教学中积极应用思维导图，为学生提供更多自我探索的机会，从而培养创造力和创新思维。

（三）创意写作

创意写作是学生表达自己思想和情感的有效方式之一。教育工作者可以鼓励学生创意写作，例如写日记、短篇故事、诗歌或个人陈述。通过创意写作，学生可以自由地表达内心的感受、理念和愿景，进而更深入地认识自己的价值观和兴趣。教育工作者可以为学生提供一系列创意写作的任务或主题，以激发他们的创造力和创新思维。例如，教育工作者可以要求学生以某个领域或社会问题为主题，写一篇短篇小说，通过故事情节展现自己对该领域或问题的理解和看法。这样的创意写作任务可以帮助学生深入思考和探索自己对特定话题的独特观点，并提出创新的解决方案或观点。

首先，教育工作者可以鼓励学生写日记。日记是学生记录个人思考、感受和经历的有益方式。教育工作者可以提供一些引导性的问题，如"你今天遇到了哪些挑战？你如何应对""你最喜欢的活动是什么？为什么"等，以激发学生思考并记录下想法和体验。通过写日记，学生可以逐渐认识自己的情感和兴趣所在，进一步了解自己对事物的看法和重视程度。

其次，教育工作者可以引导学生开始创意短篇故事写作。学生以自己感兴趣的主题或特定领域为背景，构思并书写独特的故事情节。例如，学生可以选择科幻、奇幻或历史等主题，发挥自己的想象力，展示自己对该主题的理解和创新思维。创意故事写作，不仅可以培养学生的创造力，还可以让他们深入思考和表达自己对特定领域的兴趣和价值观。

再次，教育工作者可以鼓励学生写诗表达自己的情感和思想。学生可以通过诗歌表达对自然、友谊、爱情、正义等主题的感悟和观点。诗歌的创作过程需要学生通过选择合适的词语、运用音韵和修辞手法准确表达自己的思想。这样的创作过程不仅锻炼学生的语言表达能力，还鼓励他们思考和表达自己的价值观和兴趣。

最后，教育工作者可以引导学生开始个人陈述的创意写作。个人陈述是学生向他人介绍自己、表达自己价值观和兴趣的重要方式。教育工作者可以提供指导，帮助学生撰写有关自己的经历、成就、目标和愿景的内容。通过创意写作个人陈述，学生可以探索自己的独特性格特点、兴趣爱好以及追求的价值观。教育工作者可以引导学生回顾自己的成长历程，思考并表达其对自己经历和所学的重要性，以及这些经历如何塑造个人价值观和兴趣。

二、提供自我评估的工具和资源

教育工作者可以利用各种自我评估的工具和资源，帮助学生深入了解自己的价值观、

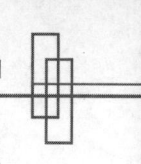

兴趣和潜能。这样的评估过程可以让学生更加客观地认识自己，从而有针对性地发展和运用自己的创造力和创新思维。

（一）个人价值观测评问卷

个人的价值观是指对什么是重要和有意义的事物以及对世界的态度和行为准则的一种信念系统。了解个人的价值观可以帮助学生明确自己的动机和目标，并为他们的创造力和创新思维提供指导和激励。为了实现这一目标，教育工作者可以提供自我评估的工具和资源，其中一个重要的工具就是个人价值观测评问卷。

个人价值观测评问卷是一种结构化的问卷调查工具，旨在帮助学生了解自己在不同价值观维度上的偏好。这些维度可以涵盖个人成就、人际关系、社会责任、个人发展等方面。通过评估自己在这些维度上的偏好和重视程度，学生能够更加清晰地认识自己的动机和目标，从而激发和引导自己的创新思维。

1.问卷设计的关键步骤

个人价值观测评问卷的设计应该经过认真的策划和细致的分析，以确保问卷具有可靠性和有效性。

（1）确定评估的维度

教育工作者需要确定用于评估的关键维度。这些维度应该涵盖学生的个人成就、人际关系、社会责任等方面，以全面反映学生的价值观。

（2）制订评估题目

在每个维度上，教育工作者应该设计一系列具体的问题或陈述，要求学生根据自己的认知和感受开展评估。这些问题应该能够引导学生思考和表达自己对每个维度的重视程度。

（3）使用评分量表

为了量化学生对每个维度的偏好程度，教育工作者可以使用评分量表。常用的量表包括五分制、七分制等，学生可以根据自己的认同程度选择相应的分数。

（4）提供解释和反馈

完成问卷后，教育工作者应该为学生提供解释和反馈，包括一个综合的评估报告，解释学生在不同维度上的得分情况，并提供有关理解和应用这些评估结果的建议和资源。教育工作者可以提供相关的资料、文章和书籍，帮助学生进一步理解和探索不同价值观维度的含义和影响。

2.问卷的维度和相关问题的示例

个人价值观测评问卷的使用有助于学生从多方面深入自我反思和思考。

（1）个人成就

你认为个人成就对你的重要性是什么？

对你来说，什么样的成就是最有意义的？

你对自己的成就有何期望和目标？

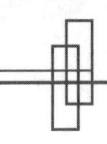

（2）人际关系

你认为人际关系在你的生活中有何价值？

你对自己与朋友、家人的关系有何期望和重视？

你如何处理和维护你的人际关系？

（3）社会责任

你认为个人对社会的责任是什么？

你如何看待社会公益和参与社会活动的重要性？

你是否积极参与社会服务或志愿者工作？

（4）个人发展

你对个人成长和发展有何期望和追求？

你如何评估自己的潜力和能力发展？

你如何寻求新的学习和发展机会？

（二）兴趣测试

兴趣测试可以帮助学生发现自己对不同领域的兴趣和倾向。这些测试可以覆盖各种领域，如科学、艺术、技术、社会科学等。通过了解自己的兴趣，学生可以找到自己感兴趣的领域，从而在该领域中发展和运用自己的创造力和创新思维。

兴趣测试的结果不仅可以帮助学生发现自己的兴趣领域，还可以为他们提供进一步发展的方向和资源。教育工作者可以根据测试结果，提供相关领域的学习资源、课程建议或活动推荐，帮助学生深入了解和发展自己的兴趣。例如，如果一个学生在兴趣测试中显示出对科学和实验设计的浓厚兴趣，教育工作者可以推荐他参加科学实验室的课程或参与相关的科学研究项目，以进一步培养他的创造力和创新思维。

此外，兴趣测试还可以帮助学生了解不同领域之间的关联和交叉点，从而拓宽他们的视野和思维方式。例如，一个学生可能对科学和艺术都表现出浓厚的兴趣，教育工作者可以鼓励他探索科学艺术的交叉领域，如科学插画、科学舞台设计或科学音乐创作等，以帮助他发展跨学科的创新能力。

兴趣测试的目的不仅是为学生提供发现自己兴趣和倾向的工具，更重要的是通过对兴趣的了解，激发学生的创造力和创新思维。当学生对某个领域表现出浓厚的兴趣时，他们通常更有动力深入学习和探索，从而培养和发展自己的创造力和创新思维。

（三）职业探索资源

职业探索资源可以帮助学生了解不同职业领域的要求、机会和挑战，并探索与自己的兴趣、能力和价值观相匹配的职业路径。通过职业探索，学生可以更好地了解自己的职业目标。

一种常见的职业探索资源是职业测评工具。这些测评工具通过一系列问题和活动，帮助学生了解自己的兴趣、技能、价值观以及与不同职业相关的个人特质。例如，学生可能会被要求评估自己在团队合作、领导能力、解决问题和创新方面的表现。通过分析测评结

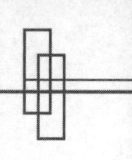

果，学生可以了解自己在各个职业领域中的匹配度和潜在优势，从而更好地选择和追求符合自己兴趣和能力的职业路径。

除了职业测评，职业展示活动也是有价值的资源。学校可以组织职业展览、行业讲座和企业参观等活动，让学生有机会与从业者互动，了解不同职业领域的工作内容、技能要求和发展机会。这些活动可以帮助学生直观地了解职业现实，启发他们对未来职业发展的创新思考，并为他们提供与专业人士交流和学习的机会。

此外，职业导师也是重要的职业探索资源。学校可以与企业、行业专家或校友建立合作关系，提供职业导师指导的机会。职业导师可以与学生分享自己的职业经验、行业见解和职业发展建议，帮助学生了解不同职业领域的挑战和机遇，提供有针对性的建议和指导。通过与职业导师的互动，学生可以更好地了解自己的职业兴趣和目标，并得到专业人士的实践导向的支持。

为了确保职业探索资源的有效性，教育工作者应该提供综合的支持和指导，可以组织职业规划工作坊、个人发展辅导和资源库，以帮助学生掌握职业探索的技巧和知识。这些工作坊包括如何编写职业目标陈述、制订职业规划和发展策略以及如何建设职业网络等内容。个人发展辅导可以为学生提供一对一的指导和支持，帮助他们厘清自己的职业兴趣、价值观和目标，并制订个性化的职业发展计划。此外，教育工作者还可以建立资源库，提供有关不同职业领域的信息、学习材料和就业机会，帮助学生更全面地了解各种职业路径和行业趋势。

（四）学习风格评估

通过评估学习风格，学生可以更好地理解自己在学习过程中的优势和倾向，从而有针对性地选择学习策略和创造力发展方法。

学习风格评估通常包含一系列问题或活动，旨在揭示学生在学习中使用的感知通道和信息处理方式。其中，最常见的学习风格类型是视觉型、听觉型和动手型学习者。

视觉型学习者倾向于通过视觉输入和图像呈现理解和记忆信息。他们更喜欢使用图表、图像和颜色等视觉元素帮助自己理解概念和记忆知识。对这类学生，教育工作者可以提供丰富的视觉资料和学习资源，如图表、示意图、幻灯片和视觉展示工具，以满足他们的学习需求。

听觉型学习者倾向于通过听觉输入和口头交流理解和记忆信息。他们更喜欢通过听讲、讨论、解释和朗读等方式吸收知识。对这类学生，教育工作者可以提供录音、讲座、小组讨论和听力材料等学习资源，以促进他们的学习效果。

动手型学习者倾向于通过实际操作和身体参与理解和记忆信息。他们更喜欢通过实践、实验、模拟和操作等方式学习。对这类学生，教育工作者可以提供实验室活动、实地考察、手工制作和角色扮演等学习资源，以满足他们的学习需求。

除了视觉型、听觉型和动手型学习者之外，还有其他学习风格类型，如阅读写作型学习者、逻辑型学习者、社交型学习者等。每个学生可能有多种学习风格的组合，因而评估工具可以帮助学生了解他们在不同学科和情境下的学习偏好和风格。

学习风格评估的目的是帮助学生更好地认识自己的学习方式,从而选择适合自己的学习策略和环境,提高学习效果和发展创造力。通过了解自己的学习风格,学生可以更加有效地规划和组织学习,以提高学习效率和成果。

第三节 提高学生自我反思和自我调整的能力

一、培养自我反思能力的方法

教育工作者可以通过一些方法帮助学生培养自我反思能力。

（一）提供反思时间和空间

教育工作者可以安排适当的时间和环境,鼓励学生定期反思,如课堂上的小组讨论、个人写作任务或专门的反思活动。学生可以回顾他们的学习经历、个人成长和创造性思考的过程。

1. 安排专门的反思时间

教育工作者可以安排定期的反思课程,学生有机会回顾他们的学习过程、解决问题的方式以及取得的成果。通过这种安排,学生可以集中精力深入思考和自我评估,进而发现自己的成长和改进的机会。

2. 提供反思工具

教育工作者可以提供各种反思工具,如反思日记、反思问题清单或反思工作表。学生可以利用这些工具记录他们的观察、思考和感受,以促进自我反思的开展。这些工具可以引导学生思考学习目标、挑战、成就和改进方向,帮助他们更有目的地开展反思和自我调整。

3. 鼓励小组讨论和合作反思

教育工作者可以组织小组讨论和合作反思活动,让学生共享彼此的经验和观点。通过与同伴的交流和合作,学生可以从不同的角度审视问题,并从中获取新的思维启发。小组讨论还可以促进学生之间的互相学习和支持,进一步加深对自己和他人的理解。

4. 提供个人写作任务

个人写作是一种有效的自我反思方式。教育工作者可以布置个人写作任务,要求学生回顾和总结自己的学习经验、思维方式和成长过程。通过书写,学生可以更深入地思考自己的思维和行为,以及创造性和创新能力的发展。

（二）提供指导性问题

教育工作者可以提供一系列开放性的问题,引导学生思考学习过程、遇到的困难和取

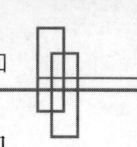

得的进展。这些问题可以涵盖学习目标、学习策略、解决问题的方法等。通过回答这些问题，学生可以更深入地反思自己的学习经历，寻找改进的方向。

1. 学习目标和意义

你在学习中设定了哪些目标？是否达到了这些目标？为什么？

学习的意义和目的是什么？你对学习的态度和动机如何影响你的创造力？

你如何将学习目标与个人价值观和兴趣相结合？

2. 学习策略和方法

你采用了哪些学习策略和方法？它们对你的学习效果有何影响？

你尝试过不同的学习方法吗？你觉得哪种方法最适合你的学习风格和目标？

你如何在学习中应用创新思维和解决问题的能力？

3. 困难和挑战

你在学习中遇到的主要困难是什么？它们如何影响你的创造力和创新能力？

你如何应对学习中的挫折和失败？你从中学到了什么？

你认为克服困难对培养创造力和创新思维的重要性是什么？

4. 学习成果和进展

你最引以为傲的学习成果是什么？你是如何取得这样的成果的？

你的学习过程中有哪些突破和进展？它们如何影响你的创造力和创新能力？

你如何评估自己的学习成果和进展？你有什么计划或措施以继续发展和提高？

（三）鼓励多维度的反思

多维度反思指的是从情感、认知和行为等不同维度思考和评估自己的学习过程和行为结果。通过这种反思方式，学生能够更全面地了解自己在学习中的表现和体验，增加自我意识和自我认知。

情感反思是指学生反思自己在学习过程中的情绪、态度和情感状态。学生可以思考他们在不同学习情境下的情感变化，比如兴奋、挫折、乐趣、焦虑等；也可以思考这些情感对他们的学习和创造力有何影响，并尝试找出情感积极调节的方法。例如，学生可以思考自己在面对挑战时如何保持积极的情绪，或者如何从失败和挫折中获取启示和动力。情感反思有助于学生培养情绪智力，增强情感调节能力，从而更好地应对学习过程中的情绪波动，增加自我意识与自我认知。

认知反思是指学生反思自己的学习策略、思维方式和认知过程。学生可以思考他们在解决问题、理解概念、整合信息等方面所采用的认知策略的有效性，也可以思考自己的思考过程中是否存在偏见、固定思维模式或局限性，以及如何扩展思维的边界。通过认知反思，学生可以发现并改进自己的认知偏好，尝试新的思维方式和学习策略。

行为反思是指学生反思自己的行为、行动和决策。学生可以思考自己在学习过程中采取的行动举措的效果和影响，也可以思考自己在面对问题时的解决方法、在合作中的角色扮演、在项目中的决策等。行为反思有助于学生审视自己的行为模式，发现其中的优点和不足，进而调整和改进自己的行为方式。

在开展多维度反思时，教育工作者可以提供一些引导性问题，帮助学生深入思考和探索不同一个问题的多个维度。以下是一些示例问题和相关的思考方向，可用于引导学生开展多维度反思。

1. 情感反思的问题

在学习过程中，你最常感受到的情绪是什么？这些情绪是如何影响你的学习效果和创造力？

有没有一些学习任务或项目让你感到兴奋或乐趣？它们对你的创造力有什么影响？为什么？

面对挑战和失败时，你如何调整自己的情绪，保持积极的学习态度和创造性思维？

2. 认知反思的问题

你在解决问题时常采用的思维方式是什么？它在什么情况下发挥作用最大？有没有局限性？

在学习过程中，你如何整合和应用不同的知识和信息？有没有尝试过新的认知策略？结果如何？

有没有一些思维障碍或认知偏见影响了你的创造性思维？你如何克服它们或有没有尝试新的思维方式？

3. 行为反思的问题

在协作学习中，你扮演的角色和采取的行动是什么？对团队的创造力和成果有什么影响？

在学习项目中，你做出的决策是否有助于创新和解决问题？有没有尝试过不同的方法？结果如何？

你如何管理时间、计划任务和组织学习资源？这些行为对你的学习效果和创造力有何影响？

二、培养自我调整能力的方法

教育工作者可以采用一些方法帮助学生培养自我调整能力。

（一）设定明确的目标

教育工作者应该帮助学生设定明确的学习目标，并与他们共同制订可行的行动计划。这些目标和计划能够激发学生的创造力，并为他们提供一个评估自身表现和开展必要调整的基准。

1. 确定目标的重要性

教育工作者应该与学生共同探讨为什么设定目标对学习和发展是重要的。学生需要理解目标的价值和意义，以增强他们对目标的动机和承诺。教育工作者可以与学生分享成功案例，说明设定明确目标对实现个人和职业发展的重要性。

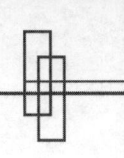

2. 制定可衡量的目标

目标应该是具体、可衡量和可实现的。学生需要知道他们正在追求什么，以及如何判断是否达到了目标。例如，一个模糊的目标是"提高数学能力"，而一个具体的、可衡量的目标是"在下个学期的数学考试中获得至少90分"。可衡量的目标能够帮助学生评估自己的进展，并做出必要的调整。

3. 分解长期目标

长期目标可能会让学生感到压力和困惑。为了帮助学生更好地管理和实现目标，教育工作者可以帮助他们将长期目标分解为短期的阶段性目标。这样，学生可以逐步迈向长期目标，并在每个阶段的目标达成后获得成就感和动力。

（二）提供及时反馈

教育工作者应该及时向学生提供准确和具体的反馈，以帮助他们评估自己的表现。这种反馈可以来自教师、同伴或自我评估工具。学生可以根据反馈结果判断自己的学习进展，并相应地调整和改进。

1. 准确和具体的反馈

教育工作者应该向学生提供准确和具体的反馈，以便他们能够清楚地了解自己的表现。模糊和泛泛的反馈可能不会给学生提供足够的指导和改进方向。例如，教师可以指出学生在解决问题时的具体错误，或者提供关于他们作品的具体改进建议。具体的反馈能够帮助学生更好地了解他们的不足之处，并有针对性地调整。

2. 及时反馈

反馈应该尽可能地及时给予，这样学生可以迅速了解他们的表现，避免错误和不良习惯的持续发展。延迟的反馈可能会导致学生失去对其行为和思维的准确记忆，从而降低自我调整能力。教育工作者可以利用不同的方式提供及时反馈，如口头反馈、书面反馈、在线评估工具等。

3. 建设性反馈

反馈应该是具有建设性的，即针对学生的进步和发展提供指导和鼓励。教育工作者可以指出学生的优点和良好表现，并对不足之处提供具体的改进建议。同时，鼓励学生根据反馈自我反思，并提供解决方案。建设性反馈能够增强学生的自信心，激发他们的学习动力和创造力。

4. 多样化的反馈

除了教师的反馈，学生还可以从同伴和自我评估中获得反馈。同伴间的互动可以促进学生之间的交流和合作，使他们能够互相提供反馈和建议。自我评估工具可以帮助学生自主评估自己的表现，对照目标反思，并制订改进计划。多样化的反馈来源可以提供不同的视角和观点，帮助学生全面认识自己的表现，并实行全面的自我调整。

（三）鼓励主动学习和实践

教育工作者应该鼓励学生积极主动地参与学习和实践活动。通过参与实际项目、解决

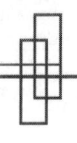

问题和面对挑战，学生可以不断调整和改进自己的创造性思维和行为。这种实践和应用的机会有助于学生将自己的想法和观点转化为实际行动，并发展创新能力。

1. 提供实践机会

教育工作者可以设计和组织各种实践活动，如项目学习、实地考察、实验和模拟情境等。这些实践机会可以让学生亲身体验和应用所学知识和技能，将理论知识转化为实际行动。通过实践，学生能够面对真实的问题和挑战，培养解决问题的能力和创新思维。

2. 激发学生的兴趣和好奇心

激发学生的学习兴趣和好奇心是培养他们主动学习和实践的重要前提。教育工作者可以通过引入有趣和具有挑战性的话题、故事和案例，引发学生的兴趣和主动参与。此外，还可以提供多样化的学习资源和材料，以满足学生不同的学习需求和兴趣。

3. 培养解决问题的能力

解决问题是创造力和创新思维的核心能力之一。教育工作者可以引导学生学习解决问题的方法和策略，如系统思考、分析和评估信息、提出创新的解决方案等。通过培养解决问题的能力，学生能够在实践中面对挑战，并通过反思调整和改进他们的创造性思维和行动。

4. 倡导探索和尝试

教育工作者应该鼓励学生主动探索和尝试新的思路和方法。这可以通过提供自主学习的机会、鼓励学生提出问题、提供资源和指导等方式实现。学生通过探索和尝试不同的方法和观点，可以拓宽思维的边界，培养灵活性和创新性思维，并学会在实践中自我调整和改进。

（四）培养持续学习的心态

教育工作者应该鼓励学生培养持续学习的心态和习惯。学生应该意识到创造力和创新思维是一个不断发展和提升的过程，需要持续地努力和自我调整。通过培养积极的学习态度和习惯，学生可以更好地适应变化和挑战，并在学习过程中保持创造性思维的活跃性。

1. 强调学习的过程性

教育工作者应该帮助学生理解学习是一个不断发展和提升的过程，而非一个单一的终点。学生需要明白创造力和创新思维是可以通过努力和持续学习以培养和提高的。教育工作者可以与学生分享成功的案例，强调成功背后的努力和持续学习的重要性，以激发学生对持续学习的兴趣和动力。

2. 培养自主学习能力

学生需要学会自主学习，并发展出持续学习的习惯。教育工作者可以教授学生有效的学习策略和技巧，如目标设定、时间管理、学习计划制订等。通过培养自主学习能力，学生能够主动地设定学习目标、寻找学习资源、评估学习成果，并反思和调整自己的学习过程。

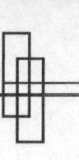

3. 培养积极的学习态度

教育工作者应该帮助学生培养积极的学习态度，包括培养学生的学习兴趣、提高学生对学习的自信心以及鼓励学生面对挑战和失败时保持积极的心态。教育工作者可以通过激发学生的好奇心、鼓励学生表达自己的想法和观点、提供支持和鼓励等方式，帮助学生培养积极的学习态度。

4. 提供终身学习的观念

教育工作者应该向学生传递终身学习的观念，让学生认识到学习是一个持续的、终身的过程。学生应该明白在不同阶段和领域都可以不断学习和成长，从而持续提升自己的创造力和创新思维。教育工作者可以与学生分享各种学习机会和资源，如在线课程、学习社区、培训活动等，以帮助学生建立终身学习的意识和习惯。

第八章　积极心理学在教师教学中的应用

第一节　教师的积极心理素质培养

教师的心理素质对他们的教学效果、职业满意度和个人幸福感都具有重要影响。通过培养教师的积极心理素质，可以提升他们的情绪管理能力、自我效能感、乐观态度和逆境应对能力，从而更好地应对教育工作中的挑战和压力，提高教学质量和学生的学习成果。

一、教师的情绪管理能力

情绪管理能力包括情绪识别、情绪调节和情绪表达三个主要方面。教师在日常的教学过程中面临着各种情绪，如挫折、压力、焦虑、兴奋等，这些情绪会直接影响他们的教学质量、与学生的互动以及职业满意度。因此，教师应该积极培养和提升自己的情绪管理能力，以更好地应对各种情绪挑战，维持良好的教学状态。

（一）情绪识别是情绪管理的基础

情绪识别是指教师能够准确地辨别和理解自己以及他人的情绪状态和表达方式。教师的情绪识别能力不仅包括对自身情绪的认知和理解，还包括对学生情绪的觉察和理解。

首先，教师需要对自己的情绪进行深入的自我认知和反省。了解自己的情绪反应、情绪触发因素以及不同情境下的情绪变化是情绪识别的基础。通过自我观察和反思，教师可以更好地认识自己的情绪模式、情绪倾向以及情绪的影响因素。例如，一个教师可能在应对课堂管理挑战时常常感到焦虑和压力，而在与学生积极互动时则感到快乐和满足。通过了解自己的情绪模式，教师可以更好地预测和管理自己的情绪反应，从而更好地应对教学中的情绪挑战。

其次，教师还需要培养对学生情绪的觉察和理解能力。教师的情绪识别能力不仅局限于自身情绪，还需要关注学生的情绪需求和表达。通过细致观察和聆听，教师可以发现学生情绪的细微变化和信号，并及时作出反应。了解学生的情绪状态有助于教师更好地调整教学策略，提供情感支持，以及与学生建立良好的情感联系。例如，当教师察觉到学生表现出压力和不安时，可以采取适当的措施帮助学生缓解情绪，如提供鼓励、倾听和提供适当的学习支持。通过对学生情绪的觉察和理解，教师可以更好地满足学生的情绪需求，提高教学效果和学生的学习体验。

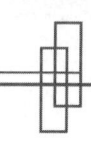

(二)情绪调节是教师情绪管理能力的核心

情绪调节是教师情绪管理能力的核心,它涉及教师如何在面对不同情绪时有效地调整和控制,以维持积极的情绪状态。情绪调节能力对教师的教学效果、职业满意度以及维持与学生和家长的关系都有着重要的影响。

首先,自我放松是一种常用的情绪调节策略,可以帮助教师缓解紧张和压力,恢复平静的情绪状态。教师可以通过深呼吸、冥想、身体放松练习等方法实现自我放松。这些技巧可以帮助教师调整呼吸、降低肌肉紧张,并改善心理状态。当教师意识到自己处于紧张或压力状态时,可以运用自我放松技巧恢复平衡和放松身心,以更好地面对教学中的挑战。

其次,正向思考是一种有效的情绪调节策略。正向思考是指通过积极地解释和评估情境调整情绪,使其更加积极和有益。教师可以培养积极的心态,关注问题的解决方案和积极的结果,而不是沉溺于消极的情绪和问题本身。通过积极思考,教师可以改变自己的情绪态度和情绪体验,提升对教学工作的积极性和乐观态度。例如,当教师面对挑战和困难时,可以关注问题的解决方案、个人成长的机会和学生的进步,从而改变消极情绪的出现和影响。

最后,积极应对挑战和困难的态度也是情绪调节的重要策略之一。教师可以采取积极主动的态度应对教学中的挑战和压力,寻找解决问题的有效策略。积极应对不仅可以帮助教师转变焦虑和消极情绪,还可以增强他们的自信心和应对能力。教师可以寻求帮助和支持,与同事分享经验,参加专业培训活动,以提升自己应对挑战的能力。

(三)情绪表达是教师情绪管理能力的重要组成部分

情绪表达包括语言、非语言和行为等多个方面,教师应该学会恰当地表达自己的情绪,同时尊重他人的情绪,以促进有效的沟通和理解。

首先,语言表达是情绪管理和情绪表达的重要手段之一。教师需要学会清晰地表达自己的情感和想法,以便与学生和家长有效交流。语言表达要注意选择合适的词汇和措辞,以确保情感的准确传达和理解。情绪词汇的使用可以帮助教师更准确地描述自己的情绪状态,如使用积极的情绪词汇表达喜悦、兴奋和鼓励,使用中性的情绪词汇描述客观事实,使用客观的语言表达不满或困惑。此外,教师还应该学会倾听和理解他人的情感表达,以建立互相尊重和信任的沟通关系。

其次,非语言表达在情绪管理和情绪表达中也起着重要作用。教师的面部表情、身体语言和声音语调都可以传递情感和情绪信息。面部表情可以反映教师的喜怒哀乐,身体语言可以传达姿态、姿势和动作的信息,声音语调可以表达情感和语气。教师需要注意自己的非语言表达,以确保它们与言辞一致,同时也要敏感地察觉和理解学生和家长的非语言信号。例如,教师可以通过微笑、眼神交流和身体接触等方式传递友善和亲切的情感,这有助于形成良好的师生关系和学习氛围。

最后,行为也是情绪表达的一种方式。教师的行为可以反映出他们的情感状态和态度。例如，积极主动地与学生互动、关心学生的学习和成长、展示耐心和理解等行为都可以传达出教师的积极情感和关怀。通过积极的行为表达，教师能够促进学生的情感参与和情感投入，增强学生对学习的积极性和教师的信任感。

二、教师的自我效能感

自我效能感是指个体对自己完成特定任务的信心和能力评估。教师的自我效能感对自身的教学行为和学生的学习效果具有重要影响。教师的自我效能感越高，越有可能采取积极的教学策略，越能激发学生的学习动力和创造力。

（一）提供专业发展支持

教育机构和学校可以通过提供专业发展支持增强教师的自我效能感。这包括为教师提供教育研讨会、培训课程、学习资源等，让教师能够不断更新自己的知识和教学技能。这种专业发展的机会可以帮助教师获取新的教学策略和方法，并在实践中验证和应用，从而增强他们在教学上的信心和能力评估。

1. 教育研讨会和培训课程

教育机构和学校可以组织各种教育研讨会和培训课程，涵盖各个学科和教学领域。这些研讨会和培训课程可以提供最新的教学理论、方法和实践，帮助教师不断更新自己的教学知识和技能。通过参与这些活动，教师可以与同行们交流经验、分享教学策略，并从他人的成功经验中获得启发。这种专业学习的机会能够增强教师的自信心和教学效能感。

2. 学习资源和教学工具

教育机构和学校可以为教师提供各种学习资源和教学工具，包括教科书、电子资源、教学软件等。这些资源可以帮助教师更好地准备教学内容，设计富有创意和互动性的教学活动，满足学生的学习需求。同时，学习资源的提供也使教师能够扩大自己的知识储备和教学工具的应用能力，从而增强自我效能感。

3. 导师和指导

教育机构和学校可以指派有经验和专业知识的教师担任导师或指导者的角色，给新任教师或需要支持的教师以指导和辅导。导师可以提供实践经验和专业建议，帮助教师解决教学中的问题，同时也是教师的情感支持者。导师的存在可以帮助教师建立良好的工作关系，增强教师对自己教学能力的信心和自我效能感。

（二）成功经验的积累

当教师能够积累成功经验时，他们的自我效能感得以提升。成功经验是指教师在教学过程中取得的积极成果和良好的教学效果。

1. 设定可实现的目标

设定可实现的目标是教师获得成功经验的重要前提。教育机构和学校可以帮助教师设定具体、可量化和可实现的目标，以确保教师能够在教学中取得一系列小规模的成功。这

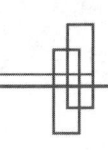

些目标可以涵盖不同方面，如教学计划的制订、课堂管理的改进、学生学习成绩的提升等。通过逐步实现这些目标，教师能够逐渐积累成功经验，增强自我效能感。

2.反思和分享经验

教师应当反思和分享自己的成功经验，以促进自我效能感的进一步巩固和扩展。通过反思教学实践，教师可以深入思考自己在成功经验中起到的关键作用，发现自己的优势和有效的教学策略。同时，教师应该主动分享自己的成功经验，这有助于建立学习型的教师社群，促进教师之间的交流和共享，进一步提升整个教师团队的自我效能感。

（三）教师间的互动和支持

教师之间的互动和支持对增强自我效能感也具有重要作用。教师可以通过合作学习、专业社群、教学团队等形式，与同事分享教学经验、交流教学问题和解决方案，互相支持和鼓励。这种互动和支持可以提供情感上的支持和认可，让教师感受到他们不是孤单的，而是有团队和同伴的支持。同时，与其他教师的互动也可以激发教师的创造力和想象力，促进他们在教学中发挥更大的自主性和创新性。

1.专业社群的建立

建立专业社群是一种重要的教师互动和支持方式。专业社群是由具有共同兴趣和目标的教师组成的学习社区，旨在促进教师之间的交流、分享和合作。在专业社群中，教师可以共同探讨教学经验、分享成功案例、解决问题，并相互支持和鼓励。这种合作和支持的环境可以增强教师的自我效能感，让他们感受到自己不是孤立的个体，而是一个庞大的教师团体中的一员。

2.合作学习和反思实践

合作学习是教师间互动和支持的有效形式之一。教师可以组成小组或寻找合作伙伴，共同制定教学目标、设计教学活动，并相互观察和评估对方的教学过程和学生学习成果。通过合作学习，教师能够从彼此的经验中汲取营养，发现新的教学方法和策略，并反思和改进自己的教学实践。这种合作和反思的过程有助于增强教师的自我效能感，使他们更有信心应对教学中的挑战。

3.互相支持和鼓励

教师间的互相支持和鼓励对培养自我效能感至关重要。教师可以通过互相赞扬、给予建设性的反馈和提供帮助表达支持和鼓励。在教学中遇到困难和挫折时，得到他人的支持和鼓励可以帮助教师保持积极的态度和动力。此外，分享成功经验和教学成果也是一种互相鼓励的方式，激励他人并获得更多的认可和自信。

三、乐观态度

乐观态度指的是教师对教育工作和学生的未来持积极、希望和乐观的态度。教师的乐观态度可以激发学生的学习兴趣和动力，促进学生的积极参与和成长。培养教师的乐观态度需要从个人信念和心理观念的转变开始。教师需要学会寻找和培养积极的思维模式，如

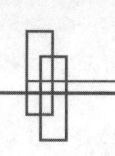

关注学生的潜力和成长、看到问题的解决方案而不是困难等。此外，教育工作者可以通过提供积极心理素质培训和心理咨询服务，帮助教师应对挫折和困难，培养乐观的心态和态度。

（一）乐观态度的意义与影响

在教育中，教师的乐观态度对学生的学习产生直接而深远的影响。首先，乐观的教师能够激发学生的学习兴趣和动力。乐观态度能够传递一种积极的情绪和能量，使学生感受到教师对他们的关注和信任，进而激发他们的学习热情。其次，乐观的教师能够积极引导学生面对挑战和困难，他们会鼓励学生尝试新的学习方法和解决问题的策略，培养学生的自信心和解决问题的能力。最后，乐观的教师能够树立积极的学习氛围和班级文化，他们鼓励学生彼此支持和合作，营造积极向上的学习环境，为学生的全面成长提供良好的条件。

（二）个人信念和心理观念的转变

培养教师的乐观态度需要从个人信念和心理观念的转变开始，以下是一些可以帮助教师培养积极思维模式的方法和策略。

1. 关注学生的潜力和成长

教师应将目光放在学生的潜力和成长上，相信每个学生都具备发展和进步的能力。教师可以鼓励学生设定目标并提供支持，帮助他们发现自己的优势和潜能，激发学生的自信和积极性。同时，教师自身也要相信自己的能力和潜力，积极寻求个人成长和发展的机会。

2. 看到问题的解决方案而不是困难

教师应将问题视为机会和挑战，而非阻碍和困难。乐观的教师会寻找解决问题的方案和策略，而不是被问题所困扰。他们相信问题是可以克服的，并且在面对问题时保持冷静和乐观。这种思维方式能够激励教师寻找创新的教学方法，尝试新的策略，进一步提升教学效果。

3. 培养积极的自我对话

教师可以通过积极的自我对话培养乐观的态度。自我对话是指个体在内心自我交流和评价。乐观的自我对话可以帮助教师转变消极的想法和情绪，以更积极的方式看待教育工作和学生。教师可以培养积极的自我对话习惯，鼓励自己寻找积极的解释和解决方案，强化自己的自信和动力。

4. 保持学习和成长的心态

乐观的教师相信自己是不断学习和成长的。他们愿意接受新的教学理念和方法，持续提升自己的专业知识和技能。教师可以参加教育研讨会、培训课程和学习小组，与同行交流和分享经验。这种持续学习的心态能够帮助教师保持乐观和积极的态度，并不断探索和尝试更好的教学实践。

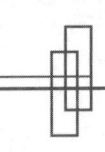

四、逆境应对能力

在教育工作中，教师经常面临各种挑战和压力，如学生行为问题、家庭背景问题、工作负荷等。教师的逆境应对能力决定了他们如何应对和处理这些困难。教师应该具备积极的问题解决能力、灵活性和适应性，以应对不断变化的教育环境。教育工作者可以通过提供逆境应对技巧的培训和支持，帮助教师建立积极的心态和灵活的应对策略。此外，学校和教育机构也应该创建一个支持性的工作环境，鼓励教师分享经验和互相支持，共同应对逆境和挑战。

（一）逆境应对能力的重要性

1. 解决问题的能力

逆境应对能力使教师能够迅速而有效地解决问题。面对教育工作中的挑战和困难，教师需要具备分析问题、制订解决方案和采取行动的能力。逆境应对能力使教师能够从问题中找到机会，并运用合适的策略应对困难，最大限度地解决问题。

2. 心理弹性和适应性

逆境应对能力使教师具备心理弹性和适应性。教育工作中经常会出现意外情况和变化，如学生突发事件、教学计划的变动等。教师需要能够快速调整自己的心态和计划，适应新的情况。逆境应对能力使教师能够保持冷静、灵活和应变能力，以应对各种不确定性和压力。

3. 增强自信和自我效能感

逆境应对能力可以增强教师的自信心和自我效能感。当教师能够成功地应对逆境和困难时，他们会感受到自己的能力和价值，进而提升对自己工作的信心和满意度。这种自信和自我效能感能够激发教师的积极性和动力，使他们更有动力应对未来的挑战。

（二）培养教师的逆境应对能力

1. 提供专业的培训和支持

教育机构可以通过提供专业的培训和支持帮助教师培养逆境应对能力。培训内容可以包括解决问题的方法和策略、应对压力和情绪管理技巧、决策和优先级管理等方面的知识和技能。此外，教育机构还可以建立指导和咨询机制，为教师提供个性化的支持和指导，帮助他们在具体情境中应对逆境。

2. 促进经验共享和互相支持

学校和教育机构可以创建一个支持性的工作环境，鼓励教师之间的经验共享和互相支持。教师可以通过交流和分享彼此的经验和应对策略，从中学习和借鉴。此外，学校领导和教育管理者可以提供团队合作的机会，促进教师之间的互助和协作，共同应对逆境和挑战。

3. 培养情绪调节和应对技巧

情绪调节和应对技巧对教师的逆境应对能力至关重要。教育机构可以提供情绪管理的

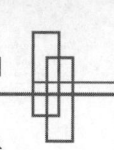

培训，帮助教师有效管理自己的情绪，以及运用积极的应对策略处理压力和挫折。这包括情绪自我觉察、情绪调节和应对策略的学习，如积极思维、问题解决、寻求支持等。

4.鼓励个人成长和发展

教育机构应鼓励教师实现个人成长和发展，提供相关的培训和发展机会。教师可以不断学习和提升自己的专业知识和技能，增强逆境应对能力。此外，还可以参与教育研究和专业交流，从中获取新的观念和方法，进一步提升自己的逆境应对能力。

总结而言，逆境应对能力是教师教育中的重要内容，它能帮助教师在面对困难和挑战时保持积极的心态和灵活的应对策略。教育机构和学校可以通过提供培训和支持、促进经验共享和互相支持、培养情绪调节和应对技巧，以及建立支持性的工作环境帮助教师培养逆境应对能力。这些举措有助于教师提高问题解决能力、增强心理弹性和适应性、增强自信和自我效能感，并鼓励个人成长和发展。

第二节 教师的积极心理学知识与技能培养

积极心理学致力于研究和促进人类的幸福感、积极情绪和个人成长，它提供了一种新的视角和方法，可以帮助教师更好地应对挑战、提升工作满意度和推动学生的积极发展。教师的积极心理学知识与技能培养不仅有助于教师个人的幸福和成长，还可以促进教育系统的进步和发展。

一、积极情绪的培养

积极情绪是指高兴、愉悦、满足和热情等积极的情感体验。教师可以运用积极心理学的知识和技能增强自己的积极情绪。这包括培养感激之心、培养乐观主义、发展幽默感等。教师可以学习积极情绪的产生机制，并运用相应的策略增加自己的积极情绪体验。

（一）培养感激之心

感激之心是指对生活中的积极经历、人际关系和自身成就心存感激和赞赏的态度。教师可以通过积极心理学的方法培养感激之心，如每天写下一份感激清单，记录自己所感激的事物和人，并回顾这些正面的经历。同时，教师可以学习关注和欣赏身边的小事和美好，培养感激的习惯。这样做不仅可以提升教师的积极情绪，还有助于塑造积极的教学环境。

1.编写感激清单

每天抽出一些时间，写下一份感激清单，记录自己感激的事物和人。这可以是一份简短的列表，也可以是一篇详细的日记。清单可以包括各个方面，如个人成就、工作上的支持和协作、学生的进步和成就、家庭和朋友的关爱等。通过记录下感激的事物，教师可以

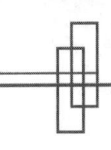

加深对这些正面经历的体验和认知，进而增强积极情绪的体验。

2. 回顾感激经历

除了编写感激清单，教师还可以定期回顾自己感激的经历。可以选择每周或每月回顾一次，并思考这些经历对自己的意义和影响。回顾感激经历可以帮助教师更加深入地体验感激之情，加强对积极经历的记忆和感受，从而培养感激的习惯。

3. 关注身边的小事和美好

关注和欣赏身边的小事和美好是培养感激之心的重要手段。在繁忙的教学工作中，教师可能会忽略一些微小但积极的细节。因此，教师可以努力培养关注身边小事的习惯，比如学生的微笑、同事的帮助、美丽的风景等。关注这些小事，感激它们带来的积极影响，可以增强教师对生活的积极态度和感激之心。

4. 实践日常感激行为

感激之心不仅停留在内心的情感体验，还可以通过行动表达。教师可以积极实践日常感激行为，将感激之心付诸实际行动。

（二）培养乐观主义

乐观主义是积极心理学中的重要概念，它指的是倾向于积极地看待未来、抱有希望和乐观态度的心理特质。教师可以通过培养乐观主义增强自己的积极情绪。这包括学习积极的思考方式，如寻找问题的解决方案、关注进步而非错误等。教师可以通过自我观察和自我调节，培养积极的解释方式和积极的信念系统，以积极的心态面对挑战和困难。

1. 培养积极的解释方式

乐观主义的核心是积极的解释方式，即将问题和挑战视为可克服的机会而非不可逾越的障碍。教师可以通过自我观察和反思，意识到自己对困境和挫折的解释方式，并积极调整和改变负面的思维模式。例如，当遇到困难时，教师可以问自己："我能从这个问题中学到什么？"或者"有什么措施可以帮助我解决这个挑战？"这样的积极思考方式有助于培养乐观主义，提升教师的积极情绪。

2. 寻找问题的解决方案

乐观主义强调寻找问题的解决方案而非陷入困境的焦虑和抱怨。教师可以培养寻找解决方案的能力，通过积极的行动应对问题。当面临教学上的挑战时，教师可以采取积极的措施，如寻求同事的建议和支持、参加专业培训、探索创新的教学方法等。通过主动解决问题，教师能够增强自己的自信心和积极情绪，同时提升教学质量。

3. 关注进步而非错误

乐观主义强调关注进步和成长，而非过度强调错误和失败。教师可以培养一种积极的评价方式，注重学生的进步和努力，给予肯定和鼓励。同时，教师也应该将这种评价方式应用于自己，关注自己的教学进步和成就，而不是过度自责和否定。通过这种积极的评价方式，教师能够建立积极的自我认同，增强自信心和乐观态度。当教师能够看到学生和自己的进步时，他们会更有动力和满足感，从而培养出更乐观的心态。

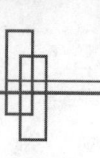

(三) 发展幽默感

幽默感是一种积极的情绪表达和应对机制，它可以帮助教师减轻压力、改善情绪并增强人际关系。教师可以通过培养幽默感增强自己的积极情绪。这包括学习欣赏幽默，观察和学习幽默的运用技巧，以及在教学中运用幽默元素调节气氛和增加学生的参与度。同时，教师也可以通过与同事一起分享幽默和开心的时刻，建立轻松和融洽的工作氛围。这样的积极交流和欢乐氛围有助于增进教师之间的团队合作，减轻工作压力，提升整体的工作满意度。

1. 学习欣赏幽默

培养幽默感的第一步是学会欣赏幽默。教师可以通过观看幽默节目、阅读幽默文学和笑话书籍，以及关注幽默表演和喜剧演员的作品，以培养对幽默的敏感度和欣赏能力。这样的学习可以让教师了解不同类型的幽默，并从中汲取灵感和启发。

2. 观察和学习幽默运用技巧

幽默运用是一门艺术，教师可以通过观察和学习幽默的运用技巧以提升自己的幽默感。教师可以留意幽默的语言表达、语调和肢体语言等方面的技巧，并尝试将这些技巧应用到自己的教学中。例如，运用幽默化的比喻、讽刺和夸张等手法，能够增加课堂的趣味性和吸引力，激发学生的兴趣和参与度。

3. 在教学中运用幽默元素

教师可以通过在教学过程中运用幽默元素以调节气氛、增加趣味性，并提升学生的学习体验。例如，教师可以通过讲述幽默的故事、抛出幽默的问题、设计幽默的活动等方式，使课堂充满乐趣和活力。幽默元素的引入能够吸引学生的注意力，激发他们的思维和想象力，提高课堂的参与度和学习效果。

4. 分享幽默和快乐时刻

教师可以与同事一起分享幽默和开心的时刻，建立轻松和融洽的工作氛围。在教师团队中，可以设立一个专门的时间或场合，让教师们分享有趣的经历、滑稽的事情或令人发笑的笑话。这样的分享可以增进教师之间的互动和交流，促进彼此之间的情感联系，缓解工作压力，增强整体的工作满意度。

二、强项的发现和发展

强项是指个体在特定领域或能力上相对较为优秀的特点和天赋。教师可以通过发现和发展自己的强项提升自己的工作表现和职业满意度。积极心理学提供了一系列的方法和工具，可以帮助教师发现自己的强项，并在工作中加以运用。教师可以通过个人评估、反思和自我观察发现自己的强项，并寻找适合的机会发展和展示这些强项。

（一）自我评估和反思

教师可以自我评估和反思，了解自己在教学工作中的表现和优势，包括回顾自己的教学经验、观察学生的反应和成绩，以及寻求同事和学生的反馈。通过这样的评估和反思，教师可以发现自己在特定领域或能力上的特点和优势。

（二）观察和记录

教师可以通过观察和记录自己在教学工作中的表现和反应发现自己的强项。这可以包括注意自己在不同教学情境下的行为、态度和表现，以及学生对这些行为的反应。通过观察和记录，教师可以发现自己在特定方面的出色表现和相对较高的能力。

（三）参与专业发展活动

教师可以参与各种专业发展活动，如培训、研讨会和教育研究项目。这些活动可以帮助教师接触到不同的教学方法、理论和实践，从而更好地发现自己的强项。教师还可以与其他教师和专家交流和分享经验，从中获得反馈和启发。

（四）探索新领域和角色

教师可以尝试探索新的教学领域和角色，以发现自己的强项。这可以包括尝试不同的教学方法、参与项目活动或担任教研组组长等。通过扩展自己的教学范围和角色，教师可以更好地了解自己的兴趣和能力，进一步发现自己的强项。

三、加入支持网络与合作共享

教师的积极心理学知识与技能培养需要加入支持网络和与其他教师的合作共享。教师可以加入专业组织、参与教师社群和合作研究项目，与其他教师交流和分享经验，互相支持和学习。这种合作共享的环境可以帮助教师获得反馈和指导，促进专业成长和教学创新。

（一）加入专业组织和教师社群

教师可以加入专业组织和教师社群，如学科协会、教育研究机构、教师交流平台等。这些组织和社群提供了一个平台，让教师们可以互相交流、分享经验和资源。通过参与组织的活动和参加会议、研讨会，教师可以扩大自己的人际网络，结识其他教师，并与他们建立有益的合作关系。

（二）合作研究项目和教学创新

教师可以参与合作研究项目和教学创新活动。这些项目和活动为教师提供了一个合作的平台，让他们可以共同研究问题、探索教学方法，并分享彼此的经验和成果。通过合作研究和创新，教师可以相互启发，共同解决教学中的难题，并不断提高自己的教学水平和专业能力。

（三）寻求同事的反馈和建议

教师可以积极寻求同事的反馈和建议。他们可以邀请同事观摩自己的课堂，互相进行教学观察和反馈。同时，教师也可以邀请同事参与自己的教学活动，进行合作授课或组成教学团队，共同探讨和改进教学方法。通过与同事的交流和合作，教师可以从不同的视角和经验中获得宝贵的反馈，提升自己的教学效果。

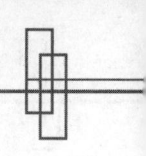

(四)创造合作和共享的文化氛围

教师可以积极创造一种合作和共享的文化氛围。这可以通过鼓励教师之间的合作和交流，组织教学研讨会、工作坊和教学圆桌等活动来实现。教师可以分享自己的教学经验、成功案例和教学资源，与其他教师共同探讨和解决教学中的问题。同时，教师可以鼓励学生之间的合作和团队工作，营造一个共享和互助的学习氛围。

在教师教育中应用积极心理学的知识与技能，可以帮助教师更好地应对挑战、提升工作满意度，同时也促进学生的积极发展。通过积极情绪的培养、强项的发现和发展，以及积极的教育实践，教师可以提升自己的教学能力和积极心理素养。此外，教师的自我反思与成长以及与其他教师的合作共享也是教师的积极心理学知识与技能培养的重要方面。

第三节 积极心理学在教师教学和职业发展中的重要性

积极心理学在教师教学和职业发展中具有重要的意义和价值。它提供了一种积极的心态和方法，帮助教师培养心理素养、提升教学效果，并在职业发展中取得成功。

一、提升教师的心理健康和幸福感

教师是一种充满挑战和责任的职业，需要面对学生的需求和问题、应对家长的期望和批评，同时还要满足教学任务的要求。这些压力和挑战可能对教师的心理健康和幸福感造成负面影响。因此，积极心理学在教师教学和职业发展中的重要性不可忽视，它致力于提升教师的心理健康和幸福感，通过培养正面情绪、提高情绪调节能力、建立良好的自尊和自我效能感等，帮助教师更好地应对挑战，增强心理韧性，提高职业满意度和幸福感。

(一)促进积极情绪和心态

教师在日常工作中面对各种压力和挑战，如学生的学习问题、行为问题以及工作量的增加等，这些可能导致教师产生负面情绪，如焦虑、压力和沮丧。积极心理学强调培养正面情绪和心态的重要性，如乐观、希望、感激和喜悦等。通过积极心理学的方法和技巧，教师可以学会调整自己的情绪状态，以更积极的态度应对困难和挑战，从而提升心理健康和幸福感。

(二)增强情绪调节能力

情绪调节是教师应对挑战和压力的关键能力之一。积极心理学通过教授情绪调节技巧和策略，帮助教师学会管理和调节自己的情绪反应。教师可以通过情绪表达、情绪调节策略和情绪转移等技巧，更好地应对情绪波动和负面情绪，从而增强应对压力的能力。情绪调节的良好技巧不仅有助于提高教师的心理健康，还能改善与学生、家长和同事的关系，从而增强教师的职业满意度。

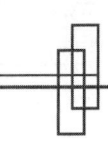

(三)建立良好的自尊和自我效能感

自尊和自我效能感是教师职业中心理健康的重要因素。积极心理学注重培养教师的自尊和自我效能感，帮助教师树立积极的自我形象和信念，从而增强心理健康和幸福感。自尊是指对自己的价值和能力持有积极的评价和认同，而自我效能感是指个体对自己在特定领域内成功完成任务的信心和能力感。通过建立良好的自尊和自我效能感，教师能够更自信地应对工作中的困难和挑战，提高自己的职业能力和满意度。

二、培养积极的教学氛围和关系

积极心理学强调正面的人际关系和积极的教学氛围对教师的教学和职业发展具有重要影响。教师在积极心理学的指导下，能够与学生建立亲密且支持性的关系，提升学生的积极情绪和学习动力。同时，教师之间的合作和支持也是重要的，积极心理学能够帮助教师建立合作共享的文化氛围，促进教师之间的合作与互助，共同提升教学水平和促进职业发展。

（一）提升学生积极情绪和学习动力

教师与学生之间的关系对学生的学习和发展起着至关重要的作用。积极心理学的应用可以帮助教师建立亲密且支持性的关系，提供积极的学习环境。教师可以运用积极心理学的原理，激发学生的积极情绪和学习动力，如通过给予鼓励和认可，提供支持和帮助，培养学生的自信心和自主性，从而提高学生的学习投入和成就感。

（二）增进教师之间的合作与互助

教师之间的合作和支持是促进教师教学和职业发展的关键因素。积极心理学的运用能够帮助建立积极的合作共享文化氛围，鼓励教师之间的互助和支持。教师可以分享教学经验和资源，相互借鉴和学习，共同成长和进步。通过合作与互助，教师能够更好地应对挑战和压力，提高工作效能和职业满意度。

（三）优化教师与家长的关系

家长是教师工作中重要的合作伙伴，他们对教师的期望和支持对教师的工作和职业发展至关重要。积极心理学的运用可以帮助教师与家长建立积极和谐的关系，增强互信和合作。教师可以运用积极心理学的原理，积极倾听和理解家长的需求和关注，与家长建立良好的沟通渠道，共同关注学生的发展和学习成就，形成教师、家长和学生之间的良性互动，为学生的全面发展提供更好的支持和帮助。

三、提升教学效果和学生学习成果

教师是教育过程中最重要的因素之一，积极心理学为教师提供了一系列的策略和方法，帮助教师提高教学效果和学生学习成果。例如，积极心理学强调教师的目标设定、自我调节和自我激励能力，帮助教师明确教学目标、保持专注和投入，从而提高教学效果。

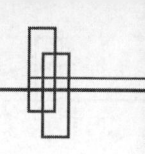

此外，积极心理学也注重教师与学生之间的积极互动和正面反馈，激发学生的学习动力。

（一）教师目标设定与自我调节能力

积极心理学强调教师的目标设定和自我调节能力对教学效果的影响。教师通过明确清晰的教学目标，能够更好地规划和组织教学内容，指导学生的学习方向。同时，积极心理学也提供了自我调节的技巧和策略，帮助教师保持专注和投入，有效地应对教学过程中的挑战和压力。教师的目标设定和自我调节能力的提升，能够增强教师的自信心和能力，从而促进教学效果的提高。

首先，目标设定是教师有效规划和组织教学工作的基础。一个明确而具体的教学目标有助于教师有机地组织教学内容和学习活动，确保教学的连贯性和针对性。目标设定使教师能够明确自己的教学意图和期望，使学生明确学习的目标和预期结果。通过设定具体的目标，教师可以更好地衡量学生的学习成果，调整教学策略，帮助学生实现目标。同时，目标设定也为教师提供了明确的方向和动力，激发教师的工作热情和动力，提高教学的质量和效果。

其次，自我调节能力是教师在教学过程中应对挑战和压力的关键能力。教师面临着诸多的教学困难和压力，如学生的不同学习需求、教学资源的限制、时间的管理等。在这样的复杂环境中，教师需要具备自我调节的能力，以适应变化、克服困难，并保持专注和投入。自我调节能力包括自我监控、情绪调节、压力管理等方面的技能。通过自我监控，教师可以及时发现问题和错误，并及时调整教学策略。情绪调节能力能帮助教师处理情绪波动，保持积极的态度和情绪，从而更好地与学生互动和沟通。而压力管理能力使教师能够有效应对教学压力，减少不必要的紧张和焦虑，保持心理平衡。这些能力的提升有助于教师更好地应对教学过程中的挑战，提高工作效率和教学质量。

教师的目标设定和自我调节能力对教师的职业发展和心理健康也具有重要意义。在教师的职业发展中，目标设定能够帮助教师明确职业发展方向和个人发展目标，制订相应的计划和行动步骤，使自己的职业发展更加有针对性和可持续性。教师可以设定短期和长期的目标，如提高特定教学技能、参与专业发展培训、争取更高的职位等，通过目标设定推动自己的职业成长。同时，目标设定也有助于教师建立自我评估和反思的机制，及时发现自身的优势和不足，寻求进一步的提升和发展。

（二）积极互动与正面反馈

在教师教学中应用积极心理学的一个重要方面是促进积极互动和提供正面反馈。积极心理学强调教师与学生之间的良好关系和有效沟通，以营造积极的教学氛围，激发学生的学习兴趣和动力。

1. 积极互动与师生关系建立

积极互动是建立师生关系的基础。教师通过倾听学生的声音、关注他们的需求，并展现出对学生的关心和尊重，增进彼此之间的理解和信任。积极互动的关键是教师的倾听技能，它不仅使学生感到被理解被重视，还激发了学生对学习的兴趣和动力。此外，教师的

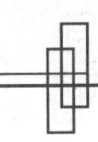

个性化学习支持和指导,以及与学生共同构建知识和解决问题,进一步促进了积极互动的形成。

2. 正面反馈与学生激励

正面反馈在激励学生方面起到关键作用。积极心理学强调肯定和鼓励的力量,通过及时发现学生的努力和进步,并给予积极的肯定和赞扬,能够增强学生的自信心和动力,推动他们的学习成长。正面反馈使学生意识到自己的优势和潜力,增强对自身能力的信心和自尊心。同时,还有助于学生树立正确的学习态度和价值观,激发对学习的主动性和积极性。教师可以通过鼓励性的语言和肯定性的行动,引导学生克服挫折和困难,培养他们的毅力和抗挫能力。

第九章 积极心理学在学校管理中的应用

第一节 学校管理中的积极心理学原则

激励和肯定是激发教职员工积极性和工作动力的关键因素。通过给予肯定和鼓励，学校管理者能够增强教职员工的自信心和自尊心，提升工作满意度和工作表现。激励和肯定还能够促进教职员工的个人成长和专业发展，激发他们的创造力和创新精神。在学校管理中，激励与肯定不仅可以提高教职员工的工作动力和效率，还能够增强团队合作和协作精神，促进学校的整体发展。通过运用积极心理学原则，学校管理者可以激励教职员工的积极性，增强他们的工作满意度，并营造积极向上的学校氛围。

一、建立支持性和包容性的学校文化

在学校管理中，倡导积极心理学对建立支持性和包容性的学校文化起着重要作用。积极心理学关注个体的优势和潜能，强调个体的成长、幸福和积极情感，从而能够为学校管理提供积极的指导原则。

首先，积极心理学强调教职员工的自我发展和个体差异。建立支持性和包容性的学校文化需要关注每个教职员工的特点和需求，尊重他们的个体差异。积极心理学鼓励教职员工发现自己的优势和潜能，并为其提供发展机会，使他们能够充分发挥自己的才能和能力。通过关注个体差异，学校管理者可以制订个性化的发展计划和支持措施，满足教职员工的成长需求，从而营造一个支持性和包容性的学校文化。

其次，积极心理学强调积极情感和良好关系的重要性。建立支持性和包容性的学校文化需要重视教职员工的情感需求，并促进良好的人际关系。积极心理学关注正向情感的培养，如乐观、幸福和满足感，这些积极情感能够提升教职员工的工作满意度和幸福感。学校管理者可以通过鼓励教职员工之间的支持和合作，建立良好的团队氛围和友好关系。此外，学校管理者还应注重与教职员工的情感连接，形成亲和与互信的氛围以建立更为包容和支持的学校文化。

二、设定明确的目标和期望

学校管理者应设定明确的目标和期望，并与教职员工有效沟通。通过明确的目标和期

望，教职员工可以清楚地知道自己的工作职责和预期表现，并感受到自己的工作价值和重要性。

（一）目标设定的重要性和影响

在学校管理中，设定明确的目标和期望对教职员工的工作动力和绩效起着关键作用。具体而明确的目标能够激发教职员工的积极性和主动性，帮助他们明确工作重点和方向，以达到学校管理的整体目标。设定明确的目标和期望还可以为教职员工提供工作的参照标准，使他们能够评估自己的工作表现并感受到工作的意义和价值。

（二）设定明确的目标和期望的策略和方法

1.确定整体目标和战略方向

学校管理者应明确学校的整体目标和战略方向，包括学校的教育使命、长远发展目标和战略计划等。整体目标和战略方向的确定为教职员工提供了明确的工作背景和导向，使他们能够明白自己的工作与学校的发展目标之间的关系。

2.制定可量化和可操作的目标

学校管理者应与教职员工合作制定可量化和可操作的目标。目标应当具体、明确、可衡量，并能够切实落地。例如，针对教师可以设定教学质量指标、学生成绩目标等；针对行政人员可以设定行政效率指标、工作任务完成目标等。制定目标时应充分考虑实际情况和教职员工的能力水平，确保目标既具有挑战性又可实现。

3.提供明确的工作职责和角色定位

除了整体目标和可量化的目标，学校管理者还应向教职员工明确传达每个人的具体工作职责和角色定位。每个人都应清楚自己在学校管理中的具体职责范围，以便能够有针对性地制定个人目标和工作规划。明确的工作职责和角色定位有助于避免职责模糊和工作重叠，提高工作效率和协作效果。

4.与教职员工有效沟通

目标设定需要与教职员工有效沟通，确保他们理解并接受设定的目标和期望。沟通应当是双向的，学校管理者应当倾听教职员工的意见和建议，并与他们积极讨论和反馈。这样可以确保目标设定是合理的、可行的，并获得教职员工的共识和支持。有效的沟通还有助于解决目标设定过程中的误解和不确定性，增强教职员工的参与感和归属感。

5.定期跟踪和评估目标的达成情况

设定明确的目标和期望并不是一个单向的过程，学校管理者还应定期跟踪和评估目标的达成情况。通过定期检查和评估，可以及时发现问题和障碍，采取相应的措施调整和改进。同时，及时给予教职员工关于目标达成情况的反馈，包括肯定他们的努力和成就，以及提供必要的支持和指导。

（三）目标设定的积极影响和效果

1.激发教职员工的积极性和工作动力

通过设定明确的目标和期望，教职员工能够明确自己的工作任务和职责，知道自己需

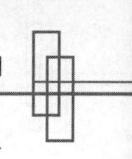

要取得的成果和表现。这种明确性可以激发教职员工的积极性和工作动力，使他们更加专注和投入工作，提高工作效率和质量。

2.增强教职员工的自信心和工作满意度

当教职员工能够实现设定的目标并取得预期的成绩时，他们会感受到成就感和满足感。这种自信心和工作满意度将进一步促使他们在工作中表现出更高的自我效能和工作动力。同时，适当的目标设定还可以为教职员工提供发展和成长的机会，增强他们的自我价值感和职业发展动力。

3.提高学校管理的效能和绩效

明确的目标设定能够使学校管理更加有序和高效。教职员工在知道自己的工作目标和期望后，能够更好地规划和组织自己的工作，避免无效和重复努力。这将有助于提高学校管理的效能和绩效，推动学校朝着预定的方向稳步发展。

4.促进教职员工的个人成长和发展

通过设定明确的目标和期望，学校管理者能够为教职员工提供一个发展的方向和框架。目标设定可以帮助教职员工认清自己的职业发展路径，并为其提供具体的目标和里程碑。这种明确性和可量化性能够帮助教职员工更好地规划自己的学习和成长，提高专业素养和能力水平。

三、建立良好的沟通机制

学校管理者应建立畅通的沟通渠道，与教职员工积极有效沟通，包括定期的员工会议、工作反馈和个人对话等。通过有效沟通，学校管理者可以了解教职员工的意见和需求，及时解决问题，增强员工的参与感和归属感。

（一）促进信息传递与共享

建立良好的沟通机制可以确保及时准确地传递信息。学校管理者通过定期的员工会议、工作反馈和个人对话等形式，将重要信息传达给教职员工，包括学校政策、目标设定、工作安排等。同时，沟通机制也提供了一个平台，让教职员工能够分享和交流彼此的经验和知识，促进信息共享和团队学习。

（二）增强员工的参与感和归属感

良好的沟通机制能够让教职员工感受到被重视和被听取的重要性。学校管理者倾听员工的意见和建议，尊重他们的想法和观点，让员工有参与决策和改进的机会。这种参与感能够增强员工的归属感，让他们更加愿意为学校的发展而努力。

（三）解决问题和减少误解

良好的沟通机制有助于解决问题和减少误解。学校管理者与教职员工之间积极有效的沟通可以及时发现和解决问题，防止问题扩大和影响工作。同时，通过清晰的沟通和明确的信息传递，可以减少误解和矛盾，建立良好的工作关系和团队合作。

四、关注工作平衡和员工福利

学校管理者应关注教职员工的工作平衡和员工福利，为他们提供良好的工作环境和福利待遇，包括合理的工作时间安排、适当的工作量分配、员工福利和福利待遇等。通过关注教职员工的工作平衡和福利，学校管理者可以增强员工的工作满意度和忠诚度，提高员工的绩效和贡献度。

（一）提高员工的工作满意度和忠诚度

关注教职员工的工作平衡和福利可以提高员工的工作满意度和忠诚度。当员工感受到学校管理者对他们的关心和重视，为他们创造良好的工作环境和条件时，他们会更加愿意全身心地投入工作中，提高工作质量和效率。

（二）促进员工的身心健康和工作动力

关注工作平衡和员工福利有助于促进员工的身心健康和工作动力。学校管理者应合理安排教职员工的工作时间，避免过度工作和长时间压力。此外，提供适当的培训和发展机会，让员工能够不断提升自己的能力和职业素养，增强工作动力和职业发展的意愿。

（三）维持良好的工作氛围和团队合作

关注工作平衡和员工福利有助于维持良好的工作氛围和团队合作。当员工感受到公平、公正和尊重，他们会更加愿意与同事合作，分享知识和经验，共同完成学校的使命和目标。良好的工作氛围和团队合作有助于提高整体的工作效能和绩效。

第二节　创建积极的学习环境和文化

一、提供安全和支持性的学习环境

在学校管理中，提供安全和支持性的学习环境对学生的学习、成长和发展具有重要影响。学校管理者应致力于创造一个让学生感到安全、包容和支持的环境，使他们能够自由地表达和探索。运用积极心理学的原则和策略，学校管理者可以有效地营造积极的学习环境，并培养积极的学习文化。

（一）建立积极的纪律管理机制

学校管理者应该采取积极的纪律管理方法，旨在引导学生的行为和培养他们的自律能力。这种管理方法将关注点从惩罚转向教育，帮助学生理解他们的行为对自己和他人的影响，并激发对积极行为的追求。

首先，学校管理者应该鼓励学生参与制订规则和期望。通过与学生合作，制订共同的价值观和规范，可以提高学生的参与感和责任感。学生参与决策的过程中，可以培养领导

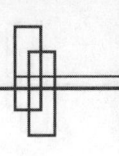

能力、自主性和承担责任的意识。

其次,学校管理者应该重视奖励积极行为。正面反馈是一种有效的激励手段,可以增强学生的自信心和学习动力。建立奖励系统,如表扬、奖状、奖品等,以承认和鼓励学生的积极表现。这些奖励不仅可以增强学生的自尊心和归属感,还可以塑造积极的行为模式。

(二)鼓励学生参与课堂讨论和活动

学生的参与是创造积极学习环境的关键因素之一。通过积极参与课堂讨论和活动,学生可以积极学习、交流和合作,提高他们的学习效果和发展综合能力。

首先,学校管理者应该创造积极互动的氛围,鼓励学生提出问题、分享观点和经验,尊重并倾听学生的意见和想法。通过给予学生充分的表达空间和尊重,学校管理者可以建立起一种开放和包容的学习氛围,使学生感到被理解被接受。

其次,学校管理者可以采用各种策略促进学生之间的合作和互助。小组合作学习是一种有效的方法,可以鼓励学生在团队中互相学习和支持。通过分组讨论、合作项目和互相辅导,学生可以培养团队合作意识、社交技巧和共享知识的能力。

最后,学校管理者还可以利用现代技术和多媒体资源促进学生参与。例如,使用在线讨论平台、虚拟协作工具和教育游戏等,可以增加学生的参与度和互动性,激发他们的学习兴趣和积极性。

(三)营造积极向上的学习氛围

创造积极向上的学习氛围是提供安全和支持性学习环境的重要方面。学校管理者可以采取一系列措施,以激发学生的学习热情、提高学习效果和培养积极的学习文化。

首先,学校管理者可以鼓励并赞赏学生的努力和进步。通过认可学生的努力,不仅可以增强他们的自信心,还可以建立起学生与学习的积极关联,激发他们的学习动力和探索精神。

其次,学校管理者应该提供充足的学习资源和支持,包括提供丰富的图书馆资源、实验室设施、科技设备以及专业的学习指导和辅导服务。通过为学生提供必要的学习工具和支持,学校管理者可以增强学生的学习能力和自主学习的意识。

最后,学校管理者可以组织丰富多样的学习活动和课外项目,如学术竞赛、文化艺术活动、实地考察等,旨在拓宽学生的视野、培养他们的兴趣爱好和发展综合能力。这些积极的学习体验将促进学生的学习乐趣和自我成长。

二、培养积极的学习习惯和行为

学校管理者扮演着关键角色,可以通过应用积极心理学的原则和策略,帮助学生发展良好的时间管理能力、有效的学习计划和复习方法。通过提供学习技巧的指导和培训,学校管理者能够帮助学生学会有效地学习和应对学习压力,从而促进个人发展。

（一）教授有效的学习方法和复习策略

学校管理者可以向学生传授一些有效的学习方法和复习策略，帮助他们提高学习效果和记忆力。

1. 主动学习

学校管理者可以鼓励学生主动参与学习过程，如积极提问、讲解给他人听、参与讨论等，促进学生对学习内容的理解和记忆。

2. 多样化的学习方式

学校管理者可以鼓励学生尝试多样化的学习方式，包括阅读、听讲、写作、实践等。不同的学习方式可以满足不同学生的学习需求和学习风格，帮助他们更好地理解和掌握知识。

3. 制订有效的复习计划

学校管理者可以指导学生制订科学合理的复习计划，包括复习时间的分配、复习内容的选择和复习方法的应用，帮助学生分析和总结复习重点，同时提供相关的复习资源和指导材料，以便学生能够有针对性地复习。

4. 强调理解和运用

学校管理者应该鼓励学生注重理解学习内容的本质和运用方式，而不只是死记硬背。通过培养学生的批判性思维、问题解决能力和创造性思维，他们可以更好地运用所学知识解决实际问题。

（二）应对学习压力和焦虑

学校管理者还应该关注学生的学习压力和焦虑，并提供相关的支持和资源，帮助学生应对这些挑战。

1. 培养积极的心理态度

学校管理者可以通过积极心理学的原则，帮助学生培养积极的心理态度。鼓励学生建立自信、乐观和坚持的信念，以应对困难和挫折。

2. 提供情绪支持和心理咨询

学校管理者可以提供情绪支持和心理咨询服务，帮助学生处理学习压力和焦虑。学校可以配备专业的心理咨询师或与外部机构合作，为学生提供个别咨询或心理辅导。

3. 教授应对压力的技巧

学校管理者可以教授学生一些应对学习压力的技巧，如放松训练、呼吸调节、积极应对学习压力的思维方式等。这些技巧可以帮助学生减轻焦虑和压力，提高应对压力的能力。

4. 创建支持性的学习环境

学校管理者可以通过建立支持性的学习环境以减轻学生的学习压力，如鼓励合作学习、互相帮助和支持的文化，减少竞争和评比的压力，让学生感受到团队合作和互助的力量。

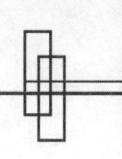

5.引导积极应对困难和挫折

学校管理者可以引导学生培养积极应对困难和挫折的态度，鼓励学生将挫折看作是学习和成长的机会，帮助他们发展解决问题的能力和应对挑战的勇气。

通过以上措施，学校管理者可以帮助学生培养积极的学习习惯和行为，使他们能够更加有效地学习，提高学习成果。此外，这些措施还有助于提升学生的自信心、自尊心和自我管理能力，为他们的未来发展打下坚实的基础。

总结而言，学校管理者在创建积极学习环境和文化方面，可以通过帮助学生培养积极的学习习惯和行为以实现这一目标。通过有效的学习方法和复习策略的教授，以及应对学习压力和焦虑的支持，为学生提供一个安全、支持性和积极向上的学习环境。这样的环境不仅有助于学生的学业发展，也有助于他们的个人成长和健康发展。学校管理者的努力和关注将为学生的未来成功和幸福奠定坚实的基础。

三、强调个体差异和多元发展

学校管理者应重视学生的个体差异和多元发展，鼓励学生发展自己的兴趣和才能，可以提供多样化的学科和课外活动选择，让学生有机会发展自己的特长和潜力；还可以鼓励学生参与各类学术、艺术、体育和社会实践活动，提供丰富的学习资源和机会，让学生能够全面发展，发掘自身潜能，并根据学生的兴趣和需求提供个性化的学习支持。

（一）重视个体差异

学校管理者应该了解每个学生的个体差异，包括学习风格、兴趣爱好、优势和弱点。这可以通过与学生和家长的沟通、学生评估和观察等方式实现。通过了解学生的差异，学校管理者可以更好地调整教学策略和学习资源，以满足学生的个性化需求。

（二）提供多样化的学科和课外活动选择

学校管理者应该提供丰富多样的学科和课外活动选择，以满足学生的不同兴趣和才能。这可以包括开设多样化的选修课程、俱乐部和社团活动，以及提供艺术、体育、科学、技术和人文等各个领域的学习机会。通过多元化的学科和课外活动，学生可以发展自己的兴趣和潜力，并探索自己的个人喜好和职业方向。

（三）鼓励学生参与各类学术、艺术、体育和社会实践活动

学校管理者可以积极鼓励学生参与各种学术、艺术、体育和社会实践活动。这可以通过组织学术竞赛、艺术展览、体育比赛和社区服务等活动实现。通过参与这些活动，学生可以培养创造力、领导力、合作能力和社会责任感等重要的技能和品质。同时，这些活动也为学生提供了展示自己才华和能力的机会，增强他们的自信心和自尊心。

四、建立正面的学习文化和价值观

学校管理者应倡导积极的学习文化和价值观，强调学习的重要性和价值，可以通过鼓

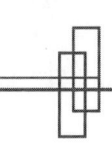

励学术成就、奖励优秀表现、展示学生成功案例等方式，激发学生的学习动力和求知欲。此外，学校管理者还可以组织学术交流、科技创新、文化艺术等活动，培养学生的创新思维和综合素养，营造积极向上的学习氛围和文化。

（一）强调学习的重要性和价值

学校管理者应通过教育课程、学校活动和各种沟通渠道，向学生传达学习的重要性和价值，强调学习对个人成长、职业发展和社会参与的影响，以激发学生对学习的兴趣和动力。通过展示学习的意义和价值，学校管理者可以帮助学生树立正确的学习态度，并鼓励他们主动参与。

（二）鼓励学术成就和表现

学校管理者应该积极鼓励和表彰学生的学术成就和优秀表现，如设立奖学金、学术荣誉和学科竞赛等奖励机制，以鼓励学生努力学习、追求卓越。通过肯定学生的学术成就，学校管理者可以树立学术进步的榜样，激发其他学生的学习动力和追求学术成功的意愿。

（三）展示学生成功案例

学校管理者可以通过展示学生成功案例，向全校师生传达积极的学习信息和激励，如学生在学术、艺术、体育和领导力等方面取得的杰出成就和突破，以及他们在学校和社区中展示的积极品质和贡献。通过分享这些成功案例，学校管理者可以激发学生的自信心和学习动力，让他们相信自己也可以取得类似的成就。

（四）组织学术交流和创新活动

学校管理者可以组织学术交流、科技创新和研究项目等活动，以培养学生的创新思维和综合素养，如学术研讨会、科学展览、文化艺术展示和创业竞赛等。通过这些活动，学生有机会展示自己的才华和创造力，培养解决问题的能力和团队合作精神。学校管理者可以提供资源和支持，为学生创造一个积极的学术交流和创新的平台，激发他们的学习热情和创造力。

（五）培养综合素养和道德品质

学校管理者应注重培养学生的综合素养和道德品质，可以通过课程设置和特定活动，传授学习技能、社交技巧、创新思维和公民意识等方面的知识和价值观；还可以通过教育活动、社会实践和志愿者服务等形式，培养学生的社会责任感、公益意识和道德判断力。通过培养综合素养和道德品质，学校管理者可以培养学生的全面发展和良好的道德品格，为他们的未来成功打下坚实的基础。

（六）营造积极向上的学习氛围和文化

学校管理者应创造一个积极向上的学习氛围和文化，以激发学生的学习兴趣和动力。这可以通过提供舒适的学习环境、丰富的学习资源、互动的教学方法和鼓励性的评价机制实现。学校管理者可以鼓励学生参与课堂讨论、小组合作、研究项目等活动，培养他们的思辨能力、合作精神和自主学习能力。同时，学校管理者也应与教师、家长和学生建立良

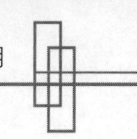

好的沟通和合作关系，共同营造一个支持性、鼓励性的学习氛围和文化。

通过创建正面的学习文化和价值观，学校管理者可以激发学生的学习热情、提升学业成就，并促进他们的全面发展和个人成长。这种积极的学习环境和文化将为学生提供更多的学习机会和资源，塑造他们积极向上的学习态度和价值观，为他们的未来成功奠定坚实的基础。同时，学校管理者的重视和引导也将影响学生的心理状态和情绪体验，使他们更加愿意面对挑战、克服困难，培养自信心和抗挫折能力。

五、提供有效的学习资源和技术支持

（一）建设现代化的学习设施

提供有效的学习资源和技术支持，以及建设现代化的学习设施，对学生的学习体验和学习成果具有重要的影响。

首先，学校管理者可以通过提供有效的学习资源和技术支持促进学生的积极学习。学习资源可以包括丰富的图书馆藏书、多媒体教材、电子资源等。这些资源应具有多样性和可访问性，以满足学生不同学科和学习兴趣的需求。此外，还可以提供学习平台和在线学习工具，为学生提供灵活的学习方式和学习支持。这些技术工具可以包括虚拟实验室、在线教学平台、学习管理系统等，帮助学生更好地自主学习和合作学习。

其次，学校管理者应建设现代化的学习设施，以创造积极的学习环境。现代化的学习设施可以包括宽敞明亮的教室、设备齐全的实验室、舒适的学习空间等。这些设施应符合学生的学习需求，提供良好的学习氛围和学习条件。例如，为学生提供舒适的座椅和桌子，提供良好的照明和通风条件，以及配备适当的学习工具和设备。此外，还可以设置学习交流区域和合作学习空间，鼓励学生之间的互动和合作，促进彼此的学习和成长。

在建设现代化的学习设施时，学校管理者需要注意五点。

整体规划与布局。学校管理者应整体规划和布局，确保学习设施的合理分布和协调统一。不同学科和教学活动的需求应得到充分考虑，设施之间应具有良好的连接和衔接，形成有机的学习环境。

先进技术的应用。现代化的学习设施应配备先进的技术设备和工具，如电脑、投影仪、实验设备等。这些技术工具能够提供更多的学习资源和学习方式，帮助学生更好地实践探索和学习应用。同时，学校管理者还应确保这些技术设备的维护和更新，以保持其功能的有效性和可靠性。

灵活多样的学习空间。学校管理者应设计和配置不同类型的学习空间，以满足学生多样化的学习需求和学习方式。例如，可以设置独立的研究区域、小组讨论区域和展示区域等，为学生提供不同的学习场景和体验。

环境创设与美化。学校管理者可以注重学习设施的环境创设和美化。通过合理的布局、艺术装饰和绿化等措施，营造积极、舒适和激发创造力的学习氛围。良好的环境可以激发学生的学习兴趣和动力，提高他们的学习效果和成就感。

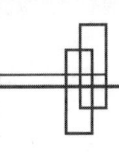

持续改进与更新。学校管理者应保持持续改进和更新学习设施，及时收集学生和教师的反馈意见，了解学习设施的使用情况和需求，定期进行维护和检修，确保学习设施的正常运行和安全使用。

通过提供现代化的学习设施，学校管理者可以为学生创造积极的学习环境，激发他们的学习热情和主动性。这样的学习环境将有助于学生的积极参与和全面发展，提高他们的学习成绩和终身学习能力。此外，现代化的学习设施也为教师提供了更多的教学资源和工具，支持他们的教学创新和专业发展。因此，建设现代化的学习设施是学校管理者在运用积极心理学中的重要举措之一，能够为学校教育的质量和效果带来积极的影响。

（二）引进优质的教育资源

学校管理者可以与外部机构合作，引进优质的教育资源，包括合作建立教育合作交流平台，引进高质量的教育教学资源、在线学习平台和电子教材等。通过引进这些资源，学校管理者可以扩大学生的学习范围，提供更多的学科选择和学习资源，促进学生的学术发展，培养个人兴趣。

1. 建立教育合作交流平台

学校管理者可以与其他学校、教育机构、教育专家和教师团体合作，共享教育资源和经验。通过建立教育合作交流平台，学校可以互相学习和借鉴成功的教育实践，拓宽教师的专业视野，提高教学水平。

2. 引进高质量的教育教学资源

学校管理者可以与知名的教育机构或教育资源提供商合作，引进高质量的教育教学资源，包括教材、教学活动、教学课件、多媒体资源等。通过引进这些资源，学校可以提供更多的学习材料和学习工具，丰富教师的教学内容，激发学生的学习兴趣和参与度。

3. 开发在线学习平台

学校管理者可以投资开发在线学习平台，为教师和学生提供在线学习资源和工具。这样的平台可以包括在线课程、学习管理系统、学习社区等功能，为学生提供灵活的学习方式和个性化的学习体验。对教师来说，在线学习平台可以提供教学辅助工具和交流平台，支持他们的教学创新和专业发展。

4. 引入电子教材和数字化资源

学校管理者可以鼓励教师使用电子教材和数字化资源，以提高教学的灵活性和互动性。电子教材可以为学生提供更丰富的学习内容和多媒体资料，增加他们的学习动力和参与度。此外，数字化资源还可以提供学习评估工具和个性化学习支持，帮助学生根据自身的学习需求选择学习资源。

通过引进优质的教育资源，学校管理者可以提供丰富多样的学习机会和资源，满足学生的学习需求和兴趣。教师也可以借助这些资源扩展教学内容和方法，提高教学效果和学生的学习成果。

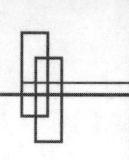

（三）引导学生有效利用技术工具

随着科技的发展，学校管理者应引导学生有效地利用技术工具，可以提供技术培训和指导，教授学生使用电子资源、在线学习平台、学习管理系统等优化学习体验。学校管理者可以组织培训课程，教授学生如何有效搜索、筛选和评估在线资源，以及如何利用各种学习应用程序和工具提高学习效果。通过引导学生熟练运用技术工具，学校管理者可以帮助他们更高效地获取信息、组织知识，并开展协作和交流，从而提升学习成果。

1. 提供技术培训和指导

学校管理者可以组织技术培训和指导课程，帮助学生熟悉各种学习技术工具的使用方法和功能，包括电子资源库、在线学习平台、学习管理系统、多媒体工具等。学校可以邀请技术专家或教育技术教师开展培训，确保学生掌握技术的基本操作和高效利用技巧。

2. 教授信息素养和网络素养

除了技术培训，学校管理者还应教授学生信息素养和网络素养，使他们能够有效搜索、筛选和评估在线资源的质量和可靠性。学生需要学习如何辨别真假信息、评估网站的可信度以及保护个人隐私和网络安全等技能。通过培养信息素养和网络素养，学生可以更加自主地获取和利用知识。

3. 个性化学习和自主学习

学校管理者可以借助技术工具，提供个性化学习的机会。通过学习管理系统或在线学习平台，学生可以根据自身的学习需要和兴趣选择适合的课程和学习资源。学校可以鼓励学生自主学习，探索和追求自己感兴趣的主题，发展个人的学习兴趣和独立思考能力。

4. 促进协作和交流

技术工具也为学生之间的协作和交流提供了便利。学校管理者可以引导学生使用在线协作平台、讨论论坛、虚拟团队项目等工具，鼓励他们在学习中互相交流和合作。这种协作和交流的环境可以促进学生之间的互动和合作能力的培养，并增强他们的学习效果和团队合作能力。

5. 提供即时反馈和评估

技术工具还可以帮助学校管理者提供即时反馈和评估学生的学习成果。学校可以利用学习管理系统或在线评估工具，为学生提供个性化的学习反馈和评估结果。这种及时的反馈可以帮助学生了解自己的学习进展和弱点，进而调整学习策略和提高学习效果。学校管理者可以利用技术工具收集学生的学习数据，进行数据分析，以了解学生的学习习惯、学习困难和学习成果，为个性化指导和支持提供依据。

6. 培养数字素养和创新能力

学校管理者应重视培养学生的数字素养和创新能力。学生需要学习使用技术工具开展创造性思考、解决问题和创新性表达。学校可以鼓励学生参与科技竞赛、编程比赛和创新项目，提供相关资源和指导，培养学生在科技领域的能力和创造力。

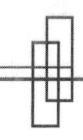

7. 关注技术使用的平衡性

学校管理者应指导学生正确使用技术工具，注意技术使用的平衡性。学生需要了解技术使用的时间管理和注意力控制，避免沉迷于娱乐性的应用程序和游戏，确保技术的有效利用。

8. 教师的技术支持和示范

学校管理者应提供教师的技术支持和示范，使教师能够有效地利用技术工具支持学生的学习。学校可以组织教师培训，分享教学经验和最佳实践，推广使用教育技术工具和资源，促进教师的专业成长和技术能力的提升。

第三节 积极心理学在学校领导和决策中的应用

当将积极心理学应用于学校管理中时，它不仅关注学生的积极心理发展，还关注学校领导和决策层的角色。学校领导者在制定政策、规划发展和组织管理过程中，可以采用积极心理学的原理和策略，促进学校的全面发展和成长。

一、建立积极领导风格

学校领导者应树立积极的领导风格，鼓励团队合作、激发教职员工的积极情感和动力。积极心理学强调领导者的情绪智力和积极心理资本，通过培养自己的情绪智力和积极心理资源，以成为积极的榜样和引领者。领导者应当注重与教师和员工的关系，关心他们的成长和福祉，倾听他们的声音和需求，并提供支持和激励。

（一）积极心理资本的发展

积极心理资本是指一种积极情感、态度和行为的资源，包括乐观、希望、自尊和坚韧等素质。学校领导者可以通过三种方式发展和培养积极心理资本。

1. 乐观态度的培养

乐观是一种积极的心态，它能够帮助领导者应对挑战和逆境，保持积极的动力和抱有希望的心情。领导者可以鼓励自己和团队成员积极思考，关注问题的解决方案而非困难本身。培养乐观态度可以通过鼓励员工分享成功经历、积极面对挑战和困难的讨论，以及提供支持和激励实现。

2. 自尊心的加强

自尊是个人对自我价值和自信心的评估和认同。领导者可以通过认可和赞赏教职员工的工作成果和贡献，建立积极的工作氛围，增强他们的自尊心。此外，还可以提供发展机会和成长空间，帮助教职员工实现个人目标和职业发展，从而进一步提升他们的自尊心。

3. 坚韧意志的培养

坚韧意志是指在面对困难和挑战时保持毅力和决心的能力。领导者可以鼓励教职员工

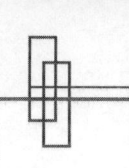

制定明确的目标,并提供支持和资源,使他们能够坚持追求目标,克服困难和挫折。领导者自身也应展现出坚韧的意志,成为团队的榜样和鼓舞力量。

(二)建立与教师和员工的关系

建立良好的关系是学校领导者在营造积极领导风格中的重要一环。

1. 关注教师和员工的成长和福祉

领导者应当关心教师和员工的个人和职业发展,提供必要的支持和资源,以促进他们的成长和进步。领导者可以定期与教师和员工个别谈话,了解他们的需求和目标,并提供相应的发展机会和培训计划。

2. 倾听他们的声音和需求

领导者应当倾听教师和员工的意见和反馈,给予他们表达意见的机会,并认真地考虑和回应他们的意见。通过开展员工满意度调查、定期开会和倡导开放的沟通渠道等方式,领导者可以了解到教师和员工的需求和关切,从而更好地满足他们的期望。

二、培养积极的学校文化

学校领导者应当致力于培养积极的学校文化,创造一个积极向上、乐于学习的氛围。积极心理学强调正面心理资本的培养,包括乐观、希望、自尊和坚韧等素质。领导者可以通过制定学校价值观和行为准则,鼓励正面的情感表达和行为,激励学生和教职员工追求个人成长和学术成功。

(一)制定积极的学校价值观和行为准则

培养积极的学校文化的第一步是通过制定积极的学校价值观和行为准则确立共同的基础。学校领导者应与教职员工共同参与制定这些准则,以确保广泛的参与和认同。这些价值观和准则应该与学校的使命和目标相一致,并强调积极的态度、合作与尊重。

在制定学校价值观时,领导者应重视几个方面。首先,价值观应具有积极的导向,鼓励学生和教职员工发展乐观、希望、自尊和坚韧等积极心理特质。其次,价值观应鼓励团队合作和互助精神,以促进学生和教职员工之间的合作与协作。最后,价值观还应强调尊重、公平和包容,以营造一个充满尊重和多元文化的学校环境。

行为准则的制定也是至关重要的。这些准则应该明确规定学校成员的期望行为,并包括鼓励情感积极表达、尊重他人、合作学习、公平竞争等方面。准则的制定过程应该充分考虑学校的特定情况和需求,同时鼓励广泛的参与和意见交流,以确保准则的有效性和可行性。

(二)创造积极的学习环境

培养积极的学校文化需要创造一个积极的学习环境,激发学生的学习兴趣和动力。学校领导者在营造积极学习环境时可以考虑以下方面。

首先,提供优质的教学资源和多样化的学习机会。学校领导者应确保教学设施和资源

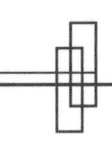

的充足性和质量，以满足学生的学习需求。同时，创造丰富多样的学习机会，如学术研究项目、实践经验和社区服务等，以激发学生的学习兴趣和动力。

其次，采用创新的教学方法和策略。学校领导者可以鼓励教师运用多样化的教学方法和教育技术提升教学效果。例如，引入互动式教学、项目学习和实践导向的教学，以培养学生的创造力、解决问题的能力和团队合作技巧。同时，学校领导者还可以鼓励教师不断提升专业发展，探索和应用最新的教育理论和方法，以持续提升教学质量。

（三）营造支持和激励的学校文化

在培养积极学校文化的过程中，学校领导者应注重建立支持和激励的学校文化，以促进学生和教职员工的个人成长和学术成功。

首先，建立支持系统。学校领导者可以提供学生和教职员工所需的支持和帮助，包括心理健康支持、学习支持和个人发展支持等。建立专门的辅导服务和支持机构，为学生提供心理咨询、学业指导和职业规划等服务。同时，学校领导者还可以鼓励教师之间的合作和互助，建立专业发展的支持网络。

其次，提供激励机制。学校领导者可以设计激励措施，激发学生和教职员工的积极动力和努力。例如，设立奖励计划，表彰学术成就、社会贡献和优秀表现。此外，学校领导者还可以鼓励学生参与竞赛、学术活动和社区服务等，以提升他们的自信心和成就感。

三、促进教师的专业发展

学校领导者可以利用积极心理学的原理促进教师的专业发展，如提供教师培训、专业发展计划和反馈机制，以帮助教师提高教学质量和创新能力。同时，还可以鼓励教师参与学术研究、教学实践和专业交流活动，促进自我成长和学科知识更新。

（一）提供教师培训和专业发展计划

学校领导者可以通过提供教师培训和专业发展计划促进教师的专业成长和教学能力的提升。培训计划可以包括教学方法、课程设计、评估策略等方面的内容，帮助教师掌握最新的教育理论和实践技巧。这些培训可以由学校内部的专家或外部的教育专业人士开展，以确保培训的专业性和有效性。

首先，学校领导者可以设计并提供全面的教师培训计划。这些培训可以包括各个学科的教学方法、创新教育理念、课程设计与评估策略等内容。培训可以通过研讨会、讲座、工作坊等形式开展，吸引专业人士和领域专家来分享最新的教育研究成果和实践经验。培训内容应与教师的实际需求紧密结合，提供实用的教学技能和策略，帮助教师提升自身的专业素养。

其次，学校领导者可以制订个性化的专业发展计划，为教师提供个体化的支持和指导。这种计划可以基于教师的个人目标和发展需求，结合学校的整体目标和战略方向，制订具体的发展计划。例如，学校领导者可以与教师一起设定发展目标、制订行动计划，并

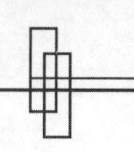

定期评估和反馈。这种个性化的支持和指导能够激发教师的学习动力和成长潜能，帮助他们不断提升自身的教学水平。

最后，学校领导者还可以鼓励教师之间的教学观摩和合作学习。通过定期组织教学观摩活动，教师可以相互学习、分享教学经验，并从中汲取灵感和启示。同时，学校领导者还可以组织教师团队合作项目，让教师共同参与教学设计和实施，通过互相协作和合作学习，提高整个团队的教学质量和效果。

（二）鼓励教师参与学术研究和教学实践

学校领导者可以鼓励教师积极参与学术研究和教学实践，以推动他们的专业发展。教师的学术研究可以促使他们深入探索教育领域的前沿问题，拓宽教育视野，并将研究成果应用于实际教学中。学校领导者可以提供研究资源和支持，鼓励教师参与学术会议、发表论文，与同行学术交流，激发教师的研究激情和创新能力。

此外，教学实践是教师专业发展的重要组成部分。学校领导者可以鼓励教师开展教学实验、教学观摩和课堂反思，不断探索和改进自己的教学方法和策略。通过与其他教师的合作和互动，教师可以汲取灵感和教训，共同提升教学水平。学校领导者可以组织教学研讨会、教学示范和教学团队合作等活动，为教师提供一个积极的专业发展环境。

（三）促进教师的专业交流和合作

学校领导者应该鼓励教师之间的专业交流和合作，以促进他们的专业发展。教师之间的交流和合作可以通过多种方式实现。

首先，学校领导者可以组织定期的教师会议和研讨会，为教师提供一个共享经验、分享教学方法和探讨教育问题的平台。这些会议和研讨会可以涵盖不同学科领域和教学层次，鼓励教师相互学习和借鉴。通过分享成功案例和教学创新实践，教师可以从彼此的经验中获得启发，发现新的教学策略和方法。

其次，学校领导者可以促进跨学科的合作和团队教学。跨学科合作可以帮助教师在教学中融入不同学科的知识和视角，提供更综合和丰富的学习体验。领导者可以鼓励教师组建跨学科教研小组，共同探索跨学科教学的方法和策略。此外，学校还可以组织项目学习和团队合作的活动，让教师在实践中培养合作精神和团队合作技巧。

（四）提供反馈和认可

学校领导者应该为教师提供有效的反馈和认可机制，以激励和促进他们的专业发展。反馈可以是定期的教学观察和评估，也可以是学生和家长的评价反馈。通过及时的反馈，教师可以了解自己的教学效果和改进空间，进行相应的调整和提升。

此外，学校领导者还应该给予教师公正和适当的认可，表彰他们的教学成就和贡献。这可以通过教师评优、奖励计划和教学荣誉等形式实现。认可的过程不仅激励教师的专业发展，还能营造一个积极的学校文化，增强教师的归属感和自豪感。

综上所述，学校领导者在积极心理学的指导下，可以通过提供教师培训和专业发展计

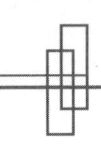

划促进教师的专业交流和合作，以及提供有效的反馈和认可机制，促进教师的专业发展。这些措施将有助于提高教师的教学能力和创新能力，进而提升整个学校的教学质量和学生的学习成果。

四、基于积极心理学的决策制订

学校领导者在决策制订过程中可以运用积极心理学的原理，鼓励参与式决策，给予教师和学生更多的参与权和发言权，提高决策的透明性和公正性。此外，领导者可以运用积极心理学的策略评估决策的影响和结果，关注积极成果和长期效益；还可以设立评估指标和反馈机制，定期评估决策的实施效果，并根据反馈结果调整和改进。

（一）参与式决策的促进

学校领导者可以通过鼓励参与式决策运用积极心理学的原理。参与式决策是一种让教师和学生参与决策过程的方法，能够增加他们的参与感和归属感，并提高决策的质量和可行性。

1. 建立开放的沟通渠道

领导者应创造一个开放和信任的环境，让教师和学生能舒适、自由地表达他们的意见和建议。可以组织定期的会议、座谈会或工作坊，设立反馈箱或电子平台，鼓励大家提出问题、分享观点和提供建议。此外，领导者应保持开放的耳朵和心态，真正倾听和重视他人的声音。

2. 提供必要的信息和培训

为了使教师和学生能够参与决策，领导者需要提供他们所需的必要信息和培训，包括解释决策背景和目的，提供相关数据和研究结果，以及介绍决策的影响和预期结果。此外，还可以提供培训和指导，帮助教师和学生掌握决策相关的知识和技能，提高他们的参与度和贡献度。

3. 建立协作和团队合作氛围

参与式决策需要建立协作和团队合作的氛围。领导者可以鼓励教师和学生之间的合作和互助，组织小组讨论和工作坊，促进他们共同思考、共同决策。此外，领导者还可以引入项目学习和团队合作的教学方法，让教师和学生在合作中学习和成长，培养他们的团队合作技能和解决问题的能力。

4. 重视多样性和包容性

参与式决策应重视多样性和包容性，尊重不同的观点、经验和文化背景。领导者应鼓励教师和学生从不同的角度思考问题，提供不同的解决方案；也应确保参与式决策过程的平等和公正，避免偏袒特定的群体或个人。通过尊重不同的观点和多样性，领导者能够获得更全面的信息和意见，从而做出更具创新性和可行性的决策。

（二）关注积极成果和长期效益

领导者可以制订评估指标，包括定量指标和定性指标，以衡量决策的实施效果和结果。定量指标可以是学生成绩提升的百分比、学生参与社区服务活动的人数等；定性指标可以是学生的积极心理状态改善程度、教师的职业满意度等。通过定期的数据收集和分析，领导者可以了解决策的成果和效果是否达到预期，并为决策的调整和改进提供依据。

除了定量和定性指标，领导者还应建立反馈机制，从教师和学生的角度获得对决策的意见和反馈。可以采用问卷调查、小组讨论、个别面谈等方式，让教师和学生表达他们对决策的看法、感受和建议，这样可以收集到更多的信息和观点，了解决策对不同群体的影响和反应。同时，领导者应鼓励教师和学生勇于提出问题和困扰，及时解决和改进，确保决策的长期效益和持续改进。

关注决策的积极成果意味着领导者要着眼于决策对个体和学校的积极心理资源的培养和发展。积极心理学强调个体的优势和成长，领导者可以通过评估决策对教师和学生积极心理资本的影响衡量决策的成功。具体而言，领导者可以关注三个方面：

自尊和自信心得增强。决策是否能够提升教师和学生的自尊感和自信心，让他们相信自己的能力和潜力。例如，决策是否给予教师更多的自主权和决策权，让他们感到被尊重被重视；决策是否提供学生展示自己才华和能力的机会，增强他们的自信心。

乐观和希望的培养。决策是否能够激发教师和学生的乐观情感和希望态度，让他们对未来充满信心和期待。例如，决策是否鼓励教师和学生积极参与专业发展和创新实践，让他们对教育事业的发展充满希望和动力；决策是否为学生提供积极的学习环境和支持，激发他们的学习兴趣和学习动力。

自我效能和团队合作能力的提升。决策是否能够增强教师和学生的自我效能感和团队合作能力，让他们相信自己能够成功并积极参与协作。例如，决策是否提供让教师专业发展的机会和资源，帮助他们提升教学技能和专业水平；决策是否鼓励学生参与团队项目和合作学习，培养他们的合作能力和团队意识。

通过关注决策的积极成果和长期效益，学校领导者可以促进教师和学生的积极心理资源的培养和发展，提升整个学校的学习氛围和成果。这样的决策制订方式能够更好地满足教师和学生的需求，提高决策的质量和可持续性，并为学校的长远发展打下坚实的基础。

（三）调整和改进决策

基于积极心理学的决策制订还需要学校领导者在评估决策效果的基础上调整和改进。这意味着领导者应持开放的心态，接受并利用反馈信息，灵活调整决策，以提高决策的质量和效果。

首先，领导者需要识别决策的成功和不足之处。通过评估决策的实施过程和结果，领导者可以深入了解决策的影响和效果，确定决策的优点和不足。这可以通过观察决策的实际执行情况、收集相关数据和信息、与教师和学生交流等方式实现。通过全面了解决策的实际情况，领导者可以明确改进的方向和重点。

其次，领导者应与教师和学生有效反馈和沟通。可以定期组织反馈会议、座谈会或小组讨论，邀请教师和学生分享对决策的意见、感受和建议。此外，领导者还可以采用问卷调查、匿名反馈机制等形式，让教师和学生以自由、开放的方式表达对决策的看法。通过与教师和学生的互动和交流，领导者可以深入了解决策对他们的影响和感受，获取宝贵的改进意见和建议。

最后，领导者应采取行动，根据评估和反馈结果调整和改进决策。根据决策的不足之处和教师、学生的反馈，领导者可以制订具体的改进计划。改进计划应包括明确的目标、具体的措施和时间表，以确保改进的方向清晰可行。领导者还应监测改进计划的执行和效果，以便及时调整和优化。这种持续的反馈和改进循环可以确保决策的适应性发展和持续优化。

总结而言，基于积极心理学的决策制订要求学校领导者鼓励参与式决策、关注积极成果和长期效益，并调整和改进决策。这种基于积极心理学的决策制订方式可以提高决策的质量和可行性，增加教师和学生的参与感和归属感，进一步促进学校的发展和成功。

参考文献

[1] 李晓东，李雨静，龙丰云，等.积极心理学对大学生心理健康自我教育的启示[J].中国中医药现代远程教育，2022（11）：23-25.

[2] 孙冬雪.浅谈积极心理学的发展与应用价值[J].心理月刊，2021（16）：214-215.

[3] 黄明芳.积极心理学视角下的高校心理育人功能提升探索[J].大理大学学报，2021（9）：92-97.

[4] 马薇薇.积极心理学在东西方视角下的差异分析—评《积极心理学：探索人类优势的科学与实践》[J].领导科学，2021（19）：128.

[5] 贾立茹，于晨，于少杰，等.不同家庭教养方式与大学生共情能力的关系[J].中国健康心理学杂志，2019（6）：910-914.

[6] 李莉.大健康背景下医学生创新创业教育路径优化探讨[J].广西教育学院学报，2019，（6）：120-122.

[7] 陈雨桐.积极心理学视角下高校思想政治教育新思路研究[D].北京：北京林业大学，2020.

[8] 高淑艳，马丁·塞利格曼.幸福理论：解析与研究展望[J].牡丹江大学学报，2021，30（2）：1-9.

[9] 胡家俊.加强高校实践育人的思考[N].安徽日报，2020-06-23.

[10] 程婧.思想政治教育积极心理方法研究[D].徐州：中国矿业大学，2019.

[11] 蒋小燕.高校思想政治教育实践育人创新路径研究[J].佳木斯职业学院学报，2020，36（6）：11-12.

[12] 杨朝宝.基于医学创新人才培养的实践育人平台搭建——以昆明医科大学口腔医学院为例[J].创新创业理论研究与实践，2020，3（6）：115-116.

[13] 李莉.大健康背景下医学生创新创业教育路径优化探讨[J].广西教育学院学报，2019（6）：120-122.

[14] 杨杰.高校思想政治教育实践育人实效性研究[D].长春：长春理工大学，2019.

[15] 黄事志.积极心理学团体辅导对促进初一新生人际交往的干预研究[D].武汉：华中师范大学，2016.

[16] 柳之啸，乔玉玲，吴任钢.自尊对生命意义感的预测机制：心理控制源和积极情绪的双中介模型[J].中国心理卫生杂志，2018（9）：772-777.

[17] 何奥.积极心理学视角下大学生心理健康教育的现状审视及路径优化[J].中阿科技论坛（中英文）2021（9）：175-177.

[18] 刘宗利，刘宗顺，孙佳慧，等.基于积极心理学理论对大学生心理健康教育意义的探究[J].才智，2017（17）：64.

[19] 马甜语.积极心理学及其应用的理论研究[D].长春：吉林大学，2009：6-12.

[20] 王静，霍涌泉，魏晨晨，等.当前积极心理学变革的新趋向及理论价值[J].心理学探新，2021，41（4）.

[21] 潘奕辰.积极心理学在大学生心理健康教育中的运用——评《大学生心理健康教育：积极心理学的运用》[J].中国高校科技，2021（5）：105.

[22] 郭霞，邱美玲.积极心理学在大学生心理健康教育课程中的运用实践研究[J].品味经典，2020（9）：100-101.

[23] 郭晓霞.积极心理学在大学生心理健康教育中的应用[J].校园心理，2018，16（4），291-292.

[24] 白燕萍.积极心理学视域下大学生心理健康教育模式的构建[J].高教学刊，2017，（8）：165-166.

[25] 张婷.积极心理学视域下的大学生心理健康教育研究[J].赤峰学院学报（自然科学版），2017，（23）：115-117.

[26] 蒋志超.积极心理学视角下的大学生心理健康教育工作探析[J].读与写（教育教学刊），2017（1）：35.

[27] 李志勇，李艳玲，徐瑞环，等.积极心理学视角下大学生心理健康教育课程改革与实践[J].淮南师范学院学报，2017，19（3）：51-54.

[28] 卿再花，曹建平，吴彩虹.积极心理学视野下《大学生心理健康教育》教学模式探析[J].赤峰学院学报（自然科学版），2017，33（11）：67-68.

[29] 周炎根，仲云香.积极心理学视野下的大学生思想道德教育[J].理论与改革，2016（1）：104.

[30] 万金店.试析积极心理学在思想政治教育领域的应用[J].学校党建与思想教育，2017（2）：92-93.

[31] 吴增强，马珍珍.积极心理学及其教育启示[J].心理探索，2018（6）：30-31.

[32] 单凌燕，周堃.实现幸福感：幸福感研究新视角[J].科教导刊（上旬刊），2018（1）：138-139.

[33] 孙天颖，于津，许凯莉，等.心理研究概述[J].中国校外教育，2017（15）.

[34] 李佳.论积极心理学在高职心理健康教育中的应用[J].科教导刊（上旬1刊），2020（25）：174-175.

[35] 李庆梅.试析积极心理学对高职院校心理健康教育的启示[J].科技风，2019（19）：61.

[36] 曹文宏."双创"背景下当前青年创业问题探析[J].中国青年研究，2016（4）：5-9.

[37] 程铄博.大学生创业能力影响因及提升路素径探究[D].北京：中国矿业大学，2018.

[38] 沈丹，李思婷，肖帅军，等.积极心理学视角下学习倦怠大学生的健康发展路径探析[J].中国健康教育，2019（8）：765-767.

[39] 李维胜.新时期大学生创业对策研究[D].兰州：兰州理工大学，2013.

[40] 黄兆信，张中秋，谈丹.创业教育：大学生岗位胜任力培养的有效路径[J].高等工程教育研究，2016（1）：24.

[41] 王文婷.心理资本对大学生创业意向的影响研究——以太原工业学院为例[J].山西高等学校社会科学学报，2018（2）：62－69.

[42] 赵倩，陈国鹏.职业价值观、心理资本与大学生创业意向[J].继续教育研究，2018（2）：48－53.

[43] 田硕，申晴.心理资本与创业能力关系的实证研究[J].创新与创业教育，2015（5）：13－19.

[44] 李松涛，杨晓.小学班主任情绪倦怠发生机制与调节策略——基于情绪劳动的分析[J].现代中小学教育，2015，31（1）：87－90.

[45] 章雪，昌晓莉.积极心理学视域下贫困大学生心理健康教育：反思及改进[J].江苏高教，2019（5）：119－124.

[46] 孙金鑫.培元至善奠基幸福："为了那些期待的眼睛"——北京市第十九中学校长余晓灵的"积极"办学之路[J].中小学管理，2016（1）：55－58.

[47] 王爽.积极心理学视角下的积极道德教育探究——评《积极道德教育——积极心理学视域中的道德教育》[J].中国教育学刊，2018（4）：148.

[48] 边玉芳，何妍，吴洪健.积极心理学背景下中小学心理教师的角色定位[J].中国青年社会科学，2018，37（4）：119－125.

[49] 朱侃."双一流"大学间人文社会科学科研合作网络的研究[J].天津大学学报（社会科学版），2019，21（3）：256－267.

[50] 王阳.教师培训：积极德育实践的新保障[J].中学政治教学参考，2016（3）：50－51.